HOMME ET POUVOIR
ÉGLISE ET MINISTÈRE

DU MEME AUTEUR

Aux approches d'Assise, Paris, Les Editions ouvrières, 1976.

L'Avenir de la communauté religieuse. Vivre ensemble l'Alliance, Paris, Les Editions ouvrières, 1978.

Dieu à tâtons, Paris, Les Editions ouvrières.

Dieu cherche l'homme, Paris, Les Editions ouvrières.

Connaître Dieu Vivant, Paris, Les Editions ouvrières. *Epuisé.*

A la Gloire de l'homme (4 volumes), Paris, Les Editions ouvrières.

Le Retour à Assise, Paris, Desclée de Brouwer.

Un pouvoir pas comme les autres, Paris, Desclée de Brouwer.

MARIE-ABDON SANTANER

HOMME ET POUVOIR
ÉGLISE ET MINISTÈRE

Collection « La vie des hommes »
LES ÉDITIONS OUVRIÈRES
12, avenue Sœur-Rosalie
75621 PARIS CEDEX 13

DANS LA MEME COLLECTION

Pierre Crozon, *Interrogation sur l'existence humaine. Dialogue de l'athéisme et de la foi.*

M.-A. Santaner, *Dieu à tâtons ?*

Gabriel Marc, *Passion pour l'essentiel (essais)* (épuisé).

Jules Carles, *Regards sur la vie.*

Jean Delmarle, *Crise religieuse et contestation sociale.*

René Coste, *Le devenir de l'homme. Projet marxiste, projet chrétien.*

Imprimé en France Printed in France
ISBN 2-7082-2069-1

PROLOGUE

Le pouvoir n'a pas bonne presse.

Etes-vous de ceux qui le détiennent ? Vous ne pouvez être que le suppôt de visées maléfiques. Le pouvoir corrompt. Vous êtes donc corrompu. Passons au suivant. Votre cause est entendue.

Ce raisonnement est courant de nos jours. On le tient partout. On le tient même en ces milieux d'Eglise où le pouvoir, auréolé des prestiges du divin, était jusqu'ici le mieux protégé contre les taraudages du soupçon. Faites-vous partie de ce qu'on appelle la hiérarchie ? Vous voilà de ceux qu'on hésite à croire sur parole. Il serait invraisemblable que le pouvoir ne vous ait pas au moins quelque peu corrompu...

Le pouvoir serait-il à ce point démonétisé chez nos contemporains ?

Sans doute faut-il y regarder de plus près !

Passons en revue les différents champs clos où des humains se battent. Quel est l'objet de leurs combats. L'argent ? C'est vrai ! En bien des cas ! Mais n'est-ce pas aussi très souvent le pouvoir ? Lutter pour conquérir le pouvoir n'est pas si mal porté. Le conquérir est prisé comme vertu par ceux-là même aux yeux de qui le détenir est le pire des vices...

Faut-il voir dans ce comportement l'un des nombreux illogismes dont le monde des hommes est familier ?

Je propose d'y voir plutôt le signe que par rapport au pouvoir (comme d'ailleurs aussi par rapport à l'argent !) la plupart des hommes n'ont guère dépassé le stade primitif des mentalités magiques. Le pouvoir et l'argent restent encore pour beaucoup d'entre eux une sorte de talisman mystérieux, une baguette de fée : « Si j'avais le pouvoir, vous verriez quel bon usage j'en ferais, moi !... » C'est le raisonnement tenu par ceux qui misent au tiercé ou au loto en pensant aux bonnes œuvres qu'ils feraient s'ils étaient riches.

Ce livre, comme son titre l'indique, jumelle la réflexion sur le rapport de l'homme au pouvoir et le rapport de l'Eglise au ministère. Pour le ministère dans l'Eglise comme pour le pouvoir dans la vie des hommes, il propose d'en finir avec une mentalité magique.

Le *Micro-Robert 1977* donne le sens du mot ministère sans faire la moindre référence à l'Eglise. Le mot ministère y est expliqué en ses divers sens par le recours à des synonymes : gouvernement (le ministère Daladier), département (le ministère des Finances), bâtiment (les locaux de tel ministère), portefeuille (le répertoire des affaires dépendant de tel ministère), parquet (le ministère public). Tous ces termes renvoient au pouvoir par lequel une société se gère ou se défend. La société parle du pouvoir en termes de ministère. Je propose dans ces pages qu'on ait le courage, dans l'Eglise, de parler du ministère en termes de pouvoir.

Entreprenant de parler du ministère en termes de pouvoir, je ne vise pas à tout dire sur le ministère et les ministères dans l'Eglise. Le sujet est immense. Je voudrais simplement en éclairer un aspect qui me semble essentiel : le fait que le problème du ministère (si on en parle en termes de pouvoir) s'identifie au problème de l'homme.

Je ne reprendrai donc que pour mémoire, au long de ces pages, l'approche des ministères à partir du Nouveau Testament et de la pratique primitive de l'Eglise. Pour ces deux aspects du problème, le volume collectif publié par le Seuil *(Les Ministères dans le Nouveau Testament)* et le résumé que le père Hervé Legrand a donné de ses travaux dans le n° 69 de la revue *Spiritus* suffisent à l'information du public que je voudrais personnellement atteindre.

Ce public, c'est l'ensemble de ceux qui s'intéressent au problème des ministères non au niveau des recherches théoriques mais au niveau et à partir des situations qu'ils vivent : la diminution du nombre des prêtres, bien sûr ! mais aussi et surtout la conviction de ne plus pouvoir séparer par une cloison étanche les engagements qu'implique leur appartenance à l'Eglise et les engagements qu'ils vivent quotidiennement dans leur combat pour l'homme, en quelque domaine que ce soit.

A ces hommes et femmes, je dédie ces pages sur l'homme et le pouvoir, l'Eglise et les ministères. A travers eux, je cherche à rejoindre au moins un peu tous ceux qui luttent pour l'homme et son pouvoir sans avoir peut-être la moindre idée de l'enjeu que représente, pour l'issue de leur lutte, la question qui se pose à l'Eglise en ce qui regarde ses ministères.

On ne trouvera, dans ces pages, aucune allusion explicite aux protagonistes des divers points de vue qui s'affrontent actuellement, particulièrement en France, sur la question des ministères. Je n'ai de comptes à régler avec personne. Reconnaissant les dettes que j'ai envers tous je m'applique seulement à introduire un point de vue que j'ai la naïveté de croire primordial : l'HOMME en désir d'advenir tel que Dieu l'a conçu en disant : « Faisons l'HOMME... »

CHAPITRE D'INTRODUCTION

Dire que l'homme en désir d'advenir est un point de vue à tenir pour primordial si on veut bien aborder le problème des ministères sera considéré par certains non seulement comme une naïveté mais surtout comme une affirmation dépourvue de sens : « Les ministères sont l'affaire de l'Eglise... » me diront-ils ! « Que venez-vous mettre l'homme là-dedans ?... »

Ce chapitre d'introduction a pour objet d'étayer mon affirmation. Je le ferai en réfléchissant sur la manière dont se pose actuellement le problème des ministères.

Le problème des ministères

L'Eglise de ce temps, en France mais aussi en beaucoup d'autres pays, est affrontée à ce qu'on appelle une « crise des vocations ». Il y a crise en ce qui regarde les entrées dans la vie religieuse ; il y a crise en ce qui regarde les entrées dans les filières conduisant à la prêtrise.

Pour ce qui regarde le second aspect de cette crise, les chiffres sont connus. En France, il y avait 646 ordinations à la prêtrise pour l'année 1965 ; en 1978, on a ordonné seulement 118 prêtres.

Ces chiffrent signifient que les ordinations ne comblent plus, et de très loin, le vide créé dans le nombre des prêtres par les décès. Mais il faut aussi tenir compte qu'à cette diminution par le décès s'ajoute la diminution provoquée par les départs. Or ces départs, depuis 1968, sont nombreux : pour diverses raisons, des prêtres quittent le ministère.

Une évaluation correcte tenant compte de ces deux facteurs aboutit à établir que le nombre des prêtres séculiers (sans compter les religieux prêtres!) diminue en France d'environ 600 chaque année en ce moment. On comptera au mieux 21 000 prêtres en France en 1995 au lieu de 36 000 vingt ans plus tôt. Sur ces 21 000 prêtres, 1 200 à 2 000 seulement auront moins de quarante ans.

C'est à partir de ces chiffres que l'on parle dans l'Eglise d'un problème des ministères. Mais l'interprétation des chiffres conduit à poser le problème selon deux diagnostics différents.

Pour certains, le problème des ministères ne se pose qu'en raison d'une crise de la foi. Ch. Wackenheim est assez représentatif de ce diagnostic quand il écrit : « Pourquoi les ministères sont-ils désertés? Parce que les communautés et les candidats éventuels ne croient pas suffisamment à la présence sacramentelle du Christ dans l'Eglise... » (1). *Pour d'autres, le problème des ministères se pose d'abord en raison d'une inadaptation des structures de l'Eglise aux nouvelles structures de la société après la mutation de ce dernier demi-siècle. H. Legrand exprime ce diagnostic lorsqu'il écrit que le remède est à chercher dans une « structuration plus adéquate de la communauté chrétienne »* (2).

Ces deux diagnostics ont en commun de faire entendre que la solution du problème des ministères est dans une réflexion et une action de l'Eglise sur elle-même. Renouveler et approfondir sa foi ; transformer et adapter ses structures communautaires. Si pertinentes soient-elles, ces propositions n'aboutissent-elles pas à recentrer l'Eglise sur elle-même?

L'histoire montre que tous les mouvements par lesquels l'Eglise s'est recentrée sur elle-même ont abouti à la rendre moins capable d'aller au fond des problèmes qui se posaient

---

(1) Ch. Wackenheim, « Esquisse d'une théologie des ministères », *Revue des sciences religieuses,* janvier 1973, p. 26.

(2) « Fin du clergé, nouveaux visages des ministères et vie des religieuses », *Forma Gregis,* 4e trimestre 1972.

à elle. Ainsi lors de la Contre-Réforme. La lutte pour enrayer le courant contestataire du protestantisme empêcha l'Eglise d'aller au fond du problème que lui posait l'avènement d'une Europe à centres multiples où la culture, diversifiée avec la prise de conscience des nationalités, préparait l'émulation scientifique du « Siècle des Lumières » et l'avènement du monde industriel.

L'enjeu de la conjoncture présente est peut-être de même taille. Ce n'est pas en s'enfièvrant sur des statistiques et sur des extrapolations qu'on prendra la mesure de cet enjeu. La fièvre, loin de favoriser une réflexion approfondie, entraîne chacun à réagir selon les tendances dont il est le moins conscient. Les chiffres sont scrutés. Mais chacun trouve moyen d'être confirmé par eux dans ce qu'il pensait déjà. La diminution du nombre des prêtres donne aux uns des arguments supplémentaires pour que soient admis ou accélérés les changements qu'ils prônent : mariage des prêtres, ordination d'hommes mariés, ordination des femmes, ordination à titre temporaire, etc. Mais les mêmes chiffres en diminution seront pour d'autres une preuve qu'après un temps trop long d'initiatives incontrôlées, il faut revenir sans plus tarder aux modèles sûrs : former les jeunes à l'abri de toute influence nocive de manière à préparer de bons prêtres, vraiment surnaturels, pieux, zélés, etc.

Ces deux types de réaction semblent correspondre aux deux diagnostics évoqués plus haut. Ils n'en sont en fait que la caricature. Mais chacun des deux, à sa manière, montre bien où conduit le mouvement de l'Eglise quand elle reste centrée sur elle-même. Les solutions proposées sont radicalement opposées. Mais on y raisonne sous l'emprise des mêmes catégories. Partisans des nouveautés les plus audacieuses et tenants du maintien des modèles les plus usés argumentent les uns et les autres en se préoccupant uniquement des tâches à accomplir en vue d'un bon fonctionnement de l'Eglise. Dans le problème des ministères, les uns et les autres voient prioritairement, et peut-être même exclusivement, un problème de « choses à faire ».

Une problématique contestable

« Si les prêtres demain sont moins nombreux et qu'en outre leur moyenne d'âge est plus élevée qu'aujourd'hui, qui fera dans l'Eglise ce qu'y font aujourd'hui des prêtres à la fois plus nombreux et plus jeunes ?... »

Cet énoncé dit bien la première question qui vient à un esprit pour qui le problème des ministères se pose en termes de « choses à faire ».

A la question ainsi posée, on cherchera des réponses comportant des chiffres. Ainsi parlera-t-on volontiers des 150 000 catéchistes recensés en France pour la seule année 1978-1979. On sera tout heureux de pouvoir citer un « inventaire des fonctions confiées à des laïcs dans l'Eglise de France » (Document du Centre national de pastorale et de liturgie du 22 mars 1979).

La question et les réponses ne débordent pratiquement pas les limites d'une problématique de « choses à faire » : « Puisqu'il n'y aura pas assez de prêtres pour tout faire, répartissons en ministères multiples ce que le prêtre, de par son ministère de prêtre, était seul à faire auparavant. » Poser le problème des ministères se borne alors à poser la question de savoir qui fera ce qui est à faire.

Il n'est certainement pas faux de penser aux ministères en se demandant qui fera ce qui est à faire. Mais encore faudrait-il garder présent à l'esprit que les ministères ne sont pas seulement dans les choses qu'on y fait. Or cette présence d'esprit pourrait bien nous faire actuellement défaut en raison même du contexte de crise des vocations. On pose alors le problème des ministères sans prendre le temps de s'interroger sur la manière dont on le pose : on ne cherche pas à voir ce que deviennent les ministères quand le problème est ainsi posé.

Prenons un exemple.

Demandons-nous tout simplement ce que devient le ministère du prêtre quand on pose le problème de ce ministère en termes de choses à faire.

Obtenir la réponse est facile. Il suffit de prendre le répertoire de toutes les choses que font les prêtres et d'éliminer de ce répertoire toutes les choses que d'autres gens peuvent faire sans avoir besoin d'être prêtres pour le faire et bien le faire. Au terme d'un telle opération doit rester ce qui est propre au ministère du prêtre.

Que reste-t-il en fait lorsque cette opération est terminée ? Depuis les tâches de gestion administrative jusqu'aux tâches de l'enseignement religieux... depuis les activités d'animation d'assemblée jusqu'à celles de l'accompagnement d'une équipe ou de quelque groupe spirituel, depuis la visite des malades jusqu'à la responsabilité de conseiller dans la relation personnelle, tout ce que fait le prêtre pourrait être fait aussi bien (et est fait parfois mieux !) par un non-prêtre. Le prêtre n'est vraiment irremplaçable que durant les quelques secondes nécessaires pour dire les formules de la consécration à la messe et de l'absolution dans le sacrement de pénitence. Soumis à épluchage en ce qui regarde les choses à faire, le ministère du prêtre se réduit à l'activité de ces voyants de couleur verte dont le clignotement sur un tableau de bord garantit que « ça fonctionne normalement ».

C'est dire que le ministère du prêtre, si on l'aborde selon la problématique des choses à faire, finit par être complètement nié. Ou bien ce ministère consiste en une intervention de « grand sorcier » nécessaire à la seconde S d'une opération de type magique ; ou bien ce ministère n'a aucune consistance particulière quand l'épluchage de l'oignon-prêtre, poussé jusqu'au bout, aboutit à faire qu'il n'y a plus oignon du tout.

C'est pourtant selon cette problématique des choses à faire que le problème des ministères est généralement posé devant le grand public. Ainsi fait H. Fesquet dans le journal Le Monde *du 30 mars 1979 : « Tout ce qu'un prêtre fait, un laïc peut le faire, si ce n'est, au moins dans les situations normales, absoudre et présider l'Eucharistie. »*

Pour être abordé sérieusement, tout problème doit être posé en des termes conformes à son contenu. Pour les ministères, parler en termes de choses à faire semble s'imposer d'emblée. C'est là une problématique concrète. Elle offre un cadre pratique pour l'utilisation des données statistiques ; on peut y mettre à profit les données des sciences humaines et particulièrement de la sociologie ; on inclut à la recherche tout le sérieux de l'actualité... Mais à la réflexion, cette problématique se révèle pour ce qu'elle est : une problématique dans laquelle l'objet même du problème se dissout et cesse d'exister comme cesse d'exister l'oignon quand son épluchage a été poussé à bout.

Bien poser le problème des ministères gagnera certes à ce que soit inclus dans la recherche tout le sérieux de l'actualité. Mais cette question doit être posée avec assez d'indépendance par rapport à l'actualité de tel lieu et de tel temps pour rester ce qu'elle est : une question de tous les lieux et de tous les temps.

En danger de repliement

Parce que le problème des ministères est un problème de tous les lieux et de tous les temps, il est intéressant de voir ce que donne la problématique des choses à faire en des lieux et en des temps différents des nôtres.

Si l'on observe la pratique et la théologie des Eglises orientales, on constate aisément que la problématique des choses à faire leur est étrangère. Dans ces Eglises, les ministères sont pris en considération bien plus à partir du DON *de l'Esprit qu'à partir des choses qu'on y fait.*

Ce n'est pas que les choses à faire soient sans importance ; mais leur importance est vue différemment. On n'y parle des choses à faire qu'en dépendance de l'Esprit qui donne de les faire.

Nous appartenons à une Eglise d'Occident qui est l'héritière de l'Empire romain. Les territoires sur lesquels cette Eglise d'Occident a pris racine sont aussi l'espace culturel où la technique a connu ses plus hautes réussites. Une telle conjoncture donne aux chrétiens d'Occident les réflexes spontanés à un type humain qui reconnaît les autres hommes surtout à partir de ce qu'ils font. Dans la prise en considération des individus, l'homme occidental donne une très grande importance à la profession : on est quelqu'un par le métier qu'on exerce. Cette réaction n'est pas récente. Il suffit de consulter un annuaire du téléphone pour constater qu'une bonne proportion de noms propres sont en fait des noms de métier. En d'autres cultures, on se désigne presque exclusivement par le nom d'un ascendant ou par un nom décrivant le site de l'habitat (à la manière de nos Dupont, Delalande ou Dubois !).

Le fait que d'autres cultures n'attachent pas autant d'importance que nous aux activités des hommes pour les reconnaître et leur donner un nom devrait nous aider à ne pas ériger ce trait en critère universellement valable. Que le sens des choses à faire marque profondément la réflexion de l'Eglise d'Occident sur les ministères est normal. Mais considérer la répartition des choses à faire comme étant la clé du problème des ministères, c'est rétrécir la pensée sur les ministères aux pratiques qui prévalent en Occident. Par exemple, il a été proposé de résoudre le problème du manque de prêtres en distinguant des « ministères de globalité » au service de l'Eglise universelle et des « ministères de communautés restreintes » au service de petits groupes caractérisés. Or l'idée d'un ministère ordonné qui ne serait pas, de soi (du fait de l'Esprit !), au service de l'Eglise universelle est quelque chose d'absolument impensable dans les Eglises orientales (3). *Aborder le problème des ministères selon la problématique des choses à faire ne peut conduire l'Eglise d'Occident que vers le repliement sur elle-même. Si elle cherche à résoudre le problème des ministères à partir d'une expérience limitée dans l'espace, elle rendra plus difficile son dialogue avec des Eglises situées en d'autres lieux.*

Ce danger de repliement existe tout autant quand le ministère est abordé en termes de choses à faire sans tenir assez compte de la diversité des temps.

Au cours des deux derniers siècles, un bon nombre d'activités assurées jadis par l'Eglise ont été prises en main par la société civile : assistance, enseignement, santé, etc. En Occident, ce transfert s'est opéré en simultanéité avec le processus de sécula-

---

(3) Sur ce débat on pourra comparer les points de vue du père Moingt dans les *Etudes* (août 1972) et du père H. Legrand dans *Vocation* (n° 264, p. 429).

risation. C'est au nom de la sécularisation qu'on a fini par l'admettre comme normal. On a parlé d'une nécessaire renonciation aux tâches de suppléance assurées par l'Eglise dans le passé... La société civile était censée récupérer un temporel qui, de droit, lui revenait. Dégagée de ce temporel, l'Eglise pourrait se consacrer uniquement au spirituel considéré comme son domaine propre.

Pour des Occidentaux portés à penser leur existence en termes de choses à faire, distinguer ainsi un temporel assumé par la société civile et un spirituel devenu domaine de l'Eglise était clair et pratique. Mais cette distinction devait nécessairement marquer l'idée qu'on se faisait du ministère.

C'est ainsi que l'éventail des activités auxquelles un chrétien peut s'adonner en ayant conscience de remplir un ministère s'est considérablement réduit. Ont fini par être tenues pour ministères uniquement les choses faites dans l'Eglise, pour l'Eglise, au nom de l'Eglise. Plus question de voir un ministère dans quelque activité menée indépendamment d'une référence à la bonne marche de l'Eglise et, en définitive, à sa hiérarchie (4). *Le mot ministère a fini par être réservé aux activités d'ordre spirituel. Au bout du compte, il a servi à désigner les seules choses faites par les prêtres. C'est ainsi qu'on s'est mis petit à petit à parler du ministère en employant ce mot exclusivement au singulier.*

La difficulté que nous avons aujourd'hui à bien poser le problème des ministères vient en grande partie de ce mauvais usage de la distinction entre le temporel et le spirituel.

Quand le mot ministère est employé, on pense spontanément à des choses qui n'ont rien à voir avec le temporel. On se cantonne sur l'éventail des choses à faire dans l'Eglise pour que l'Eglise tourne bien en tant que sphère du spirituel.

Les conséquences qu'entraîne une telle idée du ministère sont néfastes.

---

(4) Qu'aurait pensé d'une telle idée du ministère un Jean-Baptiste de la Salle pour qui les maîtres d'école remplissent un vrai ministère ? (*Cf. Jean-Baptiste de la Salle. Expérience et enseignement spirituels,* par M. Sauvage et M. Campos, Beauchesne, p. 73.)

L'Eglise en vient à organiser le ministère comme un service dans lequel seul son propre devenir d'Eglise est en jeu. *Parler du ministère devient pour elle parler d'elle-même. Elle perd de vue que sa mission requiert d'elle qu'elle rencontre un monde des hommes situés dans le temps. Une fausse idée du ministère l'entraîne à fonctionner « hors du temps ». Un jour, quelque crise des vocations vient opportunément lui rappeler que cette situation ne peut pas se prolonger indéfiniment.*

En matière de ministères, la problématique des choses à faire n'est pas seulement insuffisante. Elle est dangereuse. Elle ne peut aboutir qu'à replier l'Eglise d'Occident sur elle-même, aussi bien en ce qui regarde l'espace qu'en ce qui regarde le temps. C'est pourquoi l'Eglise se doit d'observer comment réagissent en ce domaine ses membres les plus présents aux problèmes que se pose l'homme, dans l'espace et dans le temps.

L'homme au centre de la question des ministères

Vatican II appelle les baptisés à se vouloir tous partie prenante de la vie de leur Eglise définie comme peuple de Dieu.

En France, cet appel de Vatican II est devenu slogan à travers le titre que l'Assemblée des évêques a donné au bilan de ses travaux de l'année 1973 : « Tous responsables dans l'Eglise. »

De la part des évêques de France cet appel était certainement une ouverture. Il s'agissait, dans leur pensée, de mettre fin à la situation qui distinguait (et opposait !) dans l'Eglise un clergé faisant tout *à des fidèles* ne faisant rien.

Mais dans un contexte de crise des vocations et dans une problématique de choses à faire, l'appel a été compris comme une invitation à se mettre sur les rangs en vue de la répartition à faire des choses qu'un clergé de moins en moins nombreux n'arrive plus à faire tout seul. Les chrétiens les plus engagés dans les problèmes et les combats des hommes ont pensé que l'appel des évêques les invitait à rogner un peu sur leurs engagements temporels pour s'adonner à quelque activité dans l'Eglise considérée comme univers du spirituel.

Il se trouve que les mouvements apostoliques les plus insérés dans les combats des hommes de ce temps (l'Action catholique ouvrière et la Jeunesse ouvrière chrétienne — ACO et JOC) sont les lieux où se sont exprimées les plus vives réticences par rapport à un tel appel. Ces mouvements ont redouté pour leurs membres la tentation de délaisser les activités où l'avenir de l'homme se joue dans le temporel, au bénéfice d'activités autres que le mot ministère parerait des prestiges du spirituel.

Il est impossible de ne pas prendre en compte une telle réaction.

Elle vient de baptisés qui ont appris, par l'expérience concrète de leurs luttes, comment des engagements entièrement définis dans les contours du temporel conditionnent en fait le devenir de l'homme en son destin le plus spirituel. Dans la réaction de ces hommes et femmes s'exprime la plus radicale mise en procès de la pratique qui aboutit à définir le ministère uniquement à partir du répertoire des choses à faire pour que l'Eglise tourne bien... Exprimée par des hommes et des femmes qui bénéficient d'une réflexion de foi en mouvements, cette réaction donne à penser que le ministère, quelles que soient les choses qu'on y fait, doit être situé à un niveau où la distinction entre spirituel et temporel n'est plus de mise. Ce niveau, c'est l'homme concret, l'homme en situation. Cet homme-là, selon une formule familière dans le monde des travailleurs, « ne se découpe pas en rondelles comme on découpe un saucisson ».

C'est en référence à cet homme concret, en désir d'advenir au sein du monde de ce temps, que l'expérience des mouvements apostoliques vraiment insérés dans la vie des hommes provoque à poser le problème des ministères. La réticence de ces mouvements et de beaucoup d'autres baptisés par rapport à l'invitation de « faire des choses dans l'Eglise » au risque de négliger des engagements en cours dans le monde ne doit pas être comprise comme un moindre attachement à l'Eglise qu'au monde. Mieux vaut y voir une certaine expérience déjà amorcée de ce que l'Eglise s'est donné comme visée à travers les énoncés du Concile Vatican II.

La nouveauté du Concile Vatican II est en effet dans le décentrement de soi auquel l'Eglise elle-même se provoque.

*Renonçant à se vouloir face au monde et en concurrence avec lui, l'Eglise reconnaît qu'elle doit se vouloir dans le monde, pour le Salut du monde. L'Eglise, avec Vatican II, se resitue dans la logique de ce pour quoi elle existe : le Salut apporté au monde par Jésus-Christ, un Salut qui est le Salut de l'*HOMME.

La visée de Vatican II et une expérience de foi déjà riche se conjuguent donc pour donner à penser que l'homme en désir d'advenir est un point de vue à tenir pour primordial dans la recherche que suscite le problème des ministères. Il s'agit pour l'Eglise de se vouloir au service du monde des hommes.

Le service du monde des hommes... En quoi ? Comment ?

Ces questions reviennent à placer le problème du ministère et des ministères dans la question de l'homme. C'est à bien poser cette question que nous nous emploierons dans une première partie.

PREMIERE PARTIE

Le problème des ministères dans le devenir de l'homme

CHAPITRE PREMIER

L'HOMME EN JEU DANS LA QUESTION DU POUVOIR

LA QUESTION DE L'HOMME QUESTION PREMIERE

La question de l'homme n'est pas une question nouvelle.

Depuis toujours, sans aucun doute, elle s'est posée. Mais depuis toujours, elle se posait surtout comme une question théorique : « Qu'est-ce que l'homme ?... »

Depuis quelques décennies, cette question se pose de plus en plus comme une question pratique : « Comment faire l'homme ? » Le pape Jean Paul II le dit excellemment dans sa première encyclique *Redemptor Hominis :* « Il ne s'agit pas de donner seulement une réponse abstraite à la question : Qui est l'homme ? » (16 b).

Ce changement s'explique.

Différentes idéologies, porteuses chacune d'une vision sur l'homme, se sont affrontées ces derniers temps. De ces combats, l'homme est sorti « défait » bien plus qu'il ne s'y est fait : univers concentrationnaire, univers de la faim, univers des réfugiés, univers de la pollution... les exemples abondent.

C'est ainsi que la question de l'homme est venue à se poser désormais comme une question pratique. C'est la question d'un homme en désir d'advenir !

L'HOMME QUESTION PREMIÈRE POUR TOUT HOMME

Enoncée en termes d'homme à faire advenir, la question de l'homme est aujourd'hui, pour le monde humain, la question première.

Ce monde humain a pris conscience de son unité : il se sait embarqué sur la planète-terre pour un destin commun auquel nul ne saurait se soustraire. Cette situation se traduit par un sentiment de responsabilité commune : tous les humains commencent de percevoir qu'ils sont solidaires dans le destin de l'ensemble. Que l'on vive en Europe ou aux antipodes, on est tous concernés par les mêmes problèmes : information, ressources énergétiques, environnement à préserver. Les choix culturels, économiques ou politiques d'un groupe ou d'une génération se répercutent sur l'existence des autres groupes et peuvent mettre en cause les conditions d'existence des autres générations.

Nous prenons ainsi conscience qu'en tous nos choix, l'homme, d'une manière ou d'une autre, est en question. Un choix pour ou contre le nucléaire mais aussi un choix pour ou contre telle méthode d'enseignement des mathématiques ne peuvent s'effectuer au seul vu de données statistiques. D'une manière plus ou moins lointaine, c'est le devenir de l'homme qui se joue à travers ces choix. Parce que l'homme s'y trouve en jeu, on doit se demander au sujet de tous les choix qui se présentent, ce qui contribuera le mieux à faire l'homme et ce qui pourrait aboutir à le défaire (une « défaite » !).

A moins de se considérer comme étrangère au monde des hommes, l'Eglise ne peut pas échapper à ce genre d'interrogation. Elle doit aussi se demander si les choix qu'elle fait et les pratiques en vigueur au-dedans d'elle contribuent à « faire advenir l'homme » ou, au contraire, le « défont ». Quelle influence l'Eglise et les diverses instances d'Eglise exercent-elles sur les choix politiques, économiques ou culturels dans lesquels l'homme est en jeu ?

Admettre que l'homme à faire advenir est la question première qui s'impose à elle comme à l'ensemble du monde humain peut aider l'Eglise à se libérer de la problématique des choses à faire lorsqu'elle s'interroge sur son ministère et sur les ministères. Avec l'apôtre Paul parlant aux Ephésiens de l'avènement de « l'homme pleinement achevé », on aborde le problème sur le fond (Ep 4, 13). On cesse de faire de la question des ministères une affaire purement interne à l'Eglise. Le problème des ministères prend ses véritables dimensions dans le problème de l'homme, question première pour tout homme (1).

Le pape Jean Paul II invite l'Eglise entière à entrer résolument dans cette problématique. Sa première encyclique est centrée sur l'affirmation que « l'homme est la première route que l'Eglise doit parcourir pour remplir sa mission » (III, 14 a). On ne saurait mieux dire !

Bien poser la question du ministère demande donc qu'on place cette question dans la question de l'homme. La question de l'homme est première pour l'Eglise comme pour tout homme.

L'homme question première pour Dieu

Affirmer ainsi que le problème du ministère et des ministères doit être placé dans la question de l'homme n'est pas une manière élégante de satisfaire aux requêtes actuelles de sécularisation. Cette affirmation serait méconnue en sa signification vraie si on y percevait seulement un appel à lâcher du lest pour éviter le naufrage d'une Eglise en passe de couler. Ce n'est pas du salut de l'Eglise qu'on va se préoccuper au long des pages qui suivent. Mettre en avant la question de l'homme à faire advenir n'est pas pour l'Eglise prendre du champ par rapport à sa mission propre ; c'est s'astreindre à ne pas sortir de l'objet propre de cette mission.

(1) La pratique de la Conférence des évêques latino-américains est suggestive à cet égard. Du problème des vocations sacerdotales en 1956 à Rio, on y est passé au problème de l'annonce de l'Evangile dans le continent sud-américain à Medellin en 1968 pour aboutir aux problèmes de l'homme sud-américain, lors de la Conférence de Puebla (1979).

Il serait tentant pour l'Eglise de se cantonner dans les limites de son propre fonctionnement interne. En se posant comme question première la question de l'homme, l'Eglise s'arrache à cette tentation. Elle entre dans les dimensions sans limites de ce que l'apôtre Paul appelle le « dessein bienveillant de Dieu » (Ep 1, 9) : un projet de bonheur pour tous !

Ce projet de bonheur pour tous, les Ecritures en donnent le tout premier énoncé à leur début : « Dieu dit : Faisons l'homme à notre image, comme notre ressemblance, et qu'ils dominent !... »

Dans cet énoncé, Dieu s'encourage en quelque sorte lui-même : « Faisons... ! » dit-il. Cette manière de parler laisse entendre que « Faire l'homme » est le problème que Dieu s'est posé à lui-même et qu'il entreprend de résoudre. La question de l'homme, c'est la question de l'œuvre dans laquelle Dieu s'est lancé. Pour mener à terme cette œuvre, le Père n'hésitera pas à donner son propre Fils. Avec le Père, ce Fils n'hésitera pas à donner son Esprit.

Poser la question du ministère de l'Eglise à l'intérieur et en dépendance de la question de l'homme à faire advenir n'est donc pas méconnaître la mission propre de l'Eglise. On se situe dans la trajectoire exacte du « projet de bonheur » que Dieu a conçu en se proposant de faire l'homme. C'est pour l'aboutissement de ce projet de bonheur que l'Eglise a été voulue par Dieu. Pour l'Eglise, parler de l'homme à faire advenir n'est aucunement, comme on le dit parfois, s'arrêter de parler de Dieu. C'est parler de ce dont Dieu parle. L'homme en besoin d'advenir est le problème dont Dieu ne cesse de s'entretenir. Dans les échanges qui sont sa vie come Père, Fils et Esprit, Dieu n'arrête pas de se dire à lui-même : « Faisons l'homme !... » Pour l'Eglise, être en rapport de dialogue avec tous ceux que préoccupe le problème de l'homme, c'est être en dialogue avec Dieu sur la question qui est première pour Dieu.

L'HOMME EN QUESTION AU NIVEAU DE L'EXERCICE DU POUVOIR

L'énoncé biblique où Dieu a dit « Faisons l'homme ! » est rarement médité en son entier.

Les commentateurs du texte ont développé en mille considérations le contenu de sa première partie : un homme voulu à l'image de Dieu, comme sa ressemblance. Il serait difficile d'ajouter à ces considérations une seule idée neuve !

C'est depuis peu de temps qu'on s'intéresse au contenu de la seconde partie de l'énoncé : un homme appelé à dominer. Sous l'influence du marxisme, et un peu en surenchère par rapport à sa visée de transformation du monde, on tire surtout du verbe « dominer » des considérations d'actualité sur la valeur et la légitimité théologique du développement technique.

Or il semble bien que les Ecritures disent davantage à travers cet emploi du verbe « dominer ». Réemployé deux versets plus loin dans le même premier chapitre de la Genèse (1, 28) ce verbe réapparaît encore dans le discours adressé par Dieu aux hommes après le déluge : « Pullulez sur la terre et dominez-la » (Gn 9, 27). Cet emploi intensif du verbe « dominer » invite à en prendre au sérieux la signification dans le langage biblique.

Le langage biblique emploie couramment le verbe « dominer » pour parler du Dieu Vivant qui seul, « domine les cieux et la terre ». Ce verbe signifie la totale indépendance par rapport à tout conditionnement extérieur à soi, un déploiement de la volonté ignorant toute contrainte ou servitude, l'exercice du pouvoir dans la plénitude de l'initiative propre, bref tout ce que le langage moderne peut mettre sous le mot de liberté. Loin de véhiculer des connotations péjoratives d'écrasement imposé à d'autres, ce verbe équivaut à ce qu'il y a de plus positif dans les formulations modernes telles que « être libre », « exercer le pouvoir ».

Quand le texte biblique place dans la bouche de Dieu la phrase : « Faisons l'homme... et qu'ils dominent ! », il nous est donné à entendre que l'homme voulu par Dieu ne sera pleinement advenu qu'avec l'accès à la liberté. Il faut que cet homme prenne de la hauteur, qu'il dépasse les contraintes de l'animalité, qu'il émerge des déterminismes en devenant capable de répondre lui-même au sujet de lui-même.

Si nous donnons cette signification au verbe « dominer », on voit combien il serait dommage de l'escamoter ; mais on voit aussi combien il serait dommage d'en restreindre la portée au seul développement technique. L'homme est appelé à dominer comme Dieu domine : être libre comme Dieu est libre, exercer le pouvoir comme Dieu exerce le pouvoir... Tant que cet horizon ne sera pas atteint, l'homme ne sera pas advenu. Il ne sera pas possible de dire : « Voilà l'homme !... »

Mais l'approche minutieuse du texte invite à ne pas en rester là.

Le texte biblique dit en effet « Faisons l'homme (au singulier !)... et qu'ils dominent (au pluriel !)... » Le mot homme qui est au singulier gouverne ici un verbe qui est au pluriel. Cette incongruité grammaticale est possible au génie concret de l'hébreu, langue sémitique. L'emploi du pluriel dans le verbe souligne que l'homme appelé à « dominer » n'est pas un homme abstrait, une vague humanité triomphante. L'homme appelé par Dieu à « dominer » est l'homme concret c'est-à-dire, à la fois, l'homme collectif en tant qu'espèce humaine ou groupes humains vivant leur devenir commun et l'homme individuel en tant que personnes humaines vivant chacune son destin propre.

A travers le texte biblique nous est donc donné à entendre que l'homme est appelé à dominer aussi bien en ce qui regarde la personne de chaque être humain particulier qu'en ce qui regarde le monde humain pris comme un ensemble.

Mais en énonçant simultanément au sujet de l'homme comme « individus » et de l'homme comme « collectif » cette vocation à l'exercice du pouvoir, les Ecritures parlent de l'homme bien plus comme d'un problème à résoudre que comme d'un être déjà advenu. En effet, l'avènement de l'homme tel que Dieu l'a voulu est placé par les Ecritures dans l'instauration d'un exercice du pouvoir vécu simultanément aux deux niveaux, individuel et collectif, contenus dans le mot HOMME.

Le texte biblique donne à entendre que l'homme advient dans

la mesure où le pouvoir est exercé dans le monde humain de telle manière que *tout humain* (individus) soit à lui-même la raison et source dernière de ses propres décisions dans un *tout humain* (collectif) qui soit à lui-même la source de ses propres décisions lui aussi.

Dans cet énoncé biblique, l'homme n'est donc pas du « tout fait ». L'homme émerge. Il advient... Mais l'homme n'advient que dans la réponse qu'il donne, comme sujet, au problème qu'il est lui-même comme source de décision au sujet de lui-même !

En ce sens, on peut donc dire que la question du pouvoir est la question de l'homme.

C'est donc sur cette question du pouvoir qu'il faut faire la clarté si l'on veut placer la question du ministère dans celle de l'homme en ayant des chances d'avoir d'abord bien posé la question de l'homme lui-même.

Afin de ne pas être obligé de tout dire en même temps et pour garder une progression sûre, nous entreprendrons cette démarche en tenant compte de deux conventions.

D'abord, nous prenons le mot pouvoir au sens premier qu'il a quand on dit : « Je peux ! » C'est en ce sens que l'entendent les gens quand ils disent : « J'ai le désir ou l'intention de penser, dire ou faire telle chose ; j'en ai les moyens ; rien ne m'en empêche ; *je peux* le faire. C'est donc que *je suis libre.* C'est que *je domine* les obstacles qui peuvent se présenter dans la réalisation de ce désir ou de cette intention. »

En second lieu, puisque l'exercice du pouvoir est à vivre simultanément par l'homme en *tout humain* et dans le *tout humain*, nous utiliserons le mot « collectif » (un collectif) chaque fois qu'il s'agira d'opposer au mot individu une réalité formée de plusieurs individus quels que soient les liens qui les unissent (liens de la famille, de la société, d'une communauté ou liens ténus et presque inexistants de certains groupes transitoires ou peu profonds) ; ce terme de « collectif » est assez vague pour ne pas entraîner d'applications trop rapides à une réflexion qui, doit, au moins au début, rester assez générale.

LA QUESTION DU POUVOIR AU FOND DE LA QUESTION DE L'HOMME

Pour advenir au sens où Dieu a dit « Faisons l'homme ! » l'homme doit accéder à cette réalisation de lui-même que suppose un exercice du pouvoir simultanément par le TOUT et par chacun des membres de ce TOUT.

En plaçant le problème de l'homme dans cette simultanéité d'un exercice du pouvoir par l'homme comme collectif et comme individus, les Ecritures font toucher du doigt le point crucial du problème du pouvoir dans le monde humain.

Ce problème n'est pas dans le fait que le pouvoir des uns est limité par le pouvoir des autres comme la surface de chaque carreau dans un parquet est limitée par la surface des carreaux voisins... Le problème est dans le fait que tous doivent dominer comme groupe humain sans qu'aucun soit empêché de dominer en tant qu'individu humain. On est loin de l'idée facile et illusoire d'un pouvoir qui s'arrête là où commence le pouvoir d'autrui, d'une liberté individuelle qui cesse là où commence la liberté individuelle du voisin... Les données du problème à résoudre sont autrement complexes. Car le pouvoir est dans le TOUT en ce sens que seul le TOUT est l'homme à faire advenir ; mais le pouvoir est aussi en chacun du fait que chacun est aussi l'homme à faire advenir comme un TOUT.

Si le type d'exercice du pouvoir que suggère le texte biblique conditionne l'avènement de l'homme, peut-on dire que l'homme advient effectivement dans le monde des hommes, quelque part ?

UN PROBLÈME OÙ L'EXISTENCE MÊME DE L'HOMME EST EN JEU

Il suffit d'observer un peu la vie des sociétés humaines ou de s'être reporté à ce qu'en dit l'histoire pour constater à quel point l'homme, loin d'advenir comme homme, prend facilement son parti de s'en empêcher lui-même.

Quand on y regarde de près, on s'aperçoit que dans la plupart des sociétés, les choses marchent bien parce que certains humains « dominent » en décidant (ou en prenant leur parti) de faire que les autres humains ne « dominent » pas. Que les « dominateurs » aient reçu le pouvoir par tradition, dans une lignée, qu'il leur ait été dévolu par convention, dans un système, qu'ils s'en soient emparés par violence, dans un affrontement armé ou feutré, le résultat est pratiquement le même : quelques-uns exercent seuls de fait un pouvoir qui, par vocation initiale, devrait être exercé par tous. Tous devant « dominer » pour qu'advienne l'homme, ceux que d'autres « dominent » ne sont pas l'homme ; et ceux qui en « dominent » d'autres ne le sont pas non plus. L'homme n'advient ni en chacun deux ni dans le collectif qu'ils sont ensemble (2).

Aboutir à un tel constat pourrait faire douter de l'aptitude des humains à réaliser leur avancée vers l'homme qu'ils sont appelés à devenir. Mais l'observation attentive des faits permet de saisir pourquoi le problème de cette avancée est si mal vécu. C'est que dans ce problème l'homme est à lui-même son propre enjeu.

Pour exister comme collectif, les humains (famille, tribus, nations, entreprise, syndicat, associations diverses...) ont besoin de s'affirmer dans l'exercice d'un pouvoir de groupe assurant la cohésion des pouvoirs détenus en chacun des membres du groupe... Mais pour exister comme individus, les membres d'un collectif ont besoin de s'affirmer chacun avec le pouvoir qui lui est propre face au pouvoir du groupe et aux pouvoirs détenus par chacun des autres membres du groupe.

---

(2) Ceci est remarquablement exprimé dans la parole biblique où Dieu dit à la femme : « Ta convoitise te portera vers ton mari et lui dominera sur toi !... » (Gn 3, 16) Cet énoncé n'attribue aucunement une supériorité à l'homme sur la femme. Il décrit l'état de fait issu du refus d'écouter Dieu. Dans cet état de fait, ni l'homme, ni la femme ne sont l'HOMME dont Dieu a dit : « Qu'ils dominent !... » A la convoitise de la femme qui traite l'homme en objet répond la domination par l'homme qui traite la femme en objet elle aussi. Chacun des deux ignore en l'autre le *sujet* qui doit décider sur soi. Le jeu du pouvoir est faussé. Aucun des deux ne fait advenir l'homme en l'autre.

L'expérience montre que tout collectif tend à affirmer le pouvoir qui est en lui comme collectif en réduisant le plus possible (et même parfois à rien !) le pouvoir propre à chacun des individus qui le composent : la force d'une armée est dans la discipline ; les chefs sont ainsi dispensés de prendre en compte les états d'âme de chacun de leurs soldats... L'expérience montre également que les individus, pour préserver chacun le pouvoir qui est en eux comme individus, tendent à se soustraire le plus possible à la contrainte du collectif auquel ils appartiennent : l'objecteur de conscience entend ne se laisser dicter par personne sa ligne de conduite ; même l'aumônier militaire de sa propre confession restera sans prise sur sa décision...

Dans le problème de l'exercice du pouvoir, il faut donc prendre en compte un antagonisme qui oppose les collectifs et les individus qui les composent. Au niveau d'une nation, cet antagonisme se traduit assez bien à travers les fluctuations d'une opinion publique : au long des siècles on voit cette même opinion balancer entre les extrêmes que sont le despotisme et le désordre ou, du moins, le jacobinisme et le fédéralisme. La raison de ces balancements n'est pas à chercher dans l'inconstance des hommes mais dans leur vouloir-vivre : ils réagissent différemment selon qu'ils se sentent menacés dans leur existence de collectifs ou d'individus. La crainte de cesser d'exister comme collectif conduit les individus à en rabattre de leur pouvoir individuel pour que l'existence du collectif soit préservée : c'est la réaction spontanée en tout groupe affronté à une nature hostile ou à des voisins menaçants. La crainte de cesser d'exister comme individus conduit ces individus à contester et à réduire le pouvoir qui les régit comme collectif ; ils visent à ce que leur existence personnelle ne soit pas anéantie : c'est la réaction habituelle dans un groupe que rien ne menace, ni en son bien-être, ni en sa sécurité.

Même si elle est rapide et dessinée à gros traits, cette observation de la vie humaine montre bien comment est vécu le problème qu'énoncent les Ecritures en appelant l'homme et les hommes à « dominer ». Le moins qu'on puisse dire est que ce problème est vécu tant bien que mal. Les réponses données à ce problème sont des réponses au coup par coup. Elles sont inspirées aux individus comme aux groupes humains par leur vouloir-vivre inquiet. Elles procèdent de la peur de cesser d'exister soit comme individus soit comme groupes. Il est rare que l'homme en soit véritablement l'auteur.

Un problème que, au mieux, on feint d'avoir résolu

C'est l'honneur de l'homme de ne pas se résigner à des réponses dont il sent obscurément qu'elles ne sont pas siennes.

Il y a toujours eu des individus qui se sont dressés contre le nivellement des consciences personnelles par le pouvoir du groupe, quel que fut d'ailleurs le nom pris par ce pouvoir : Etat, Parti, Eglise... Les signataires de la Charte 77, les « folles de Mai », les « dissidents russes » de nos années 1970-1980 pourraient se trouver un ancêtre en la personne de Maxime le Confesseur bravant à la fois le Basileus et le Patriarche de Constantinople.

Cette résistance au pouvoir du groupe prend à certaines époques l'ampleur d'un mouvement. Le refus de l'embrigadement par la collectivité ne s'est pas exprimé seulement en mai 1968. Le phénomène hippie a été vécu de Villon à Raimbaud bien avant le XXe siècle. Bakounine, vedette de l'anarchisme, peut compter des ascendants chez les frères du Libre Esprit et autres Joachimites du XIVe siècle...

Tous ces mouvements ont revendiqué la priorité de l'autonomie personnelle de chacun par rapport au pouvoir qu'une société exerce sur ses propres membres. Leur histoire est une suite de tentatives dont on peut constater que chaque génération doit les reprendre à zéro. Parmi ces mouvements certains se contentent d'ignorer le pouvoir qui régit la société ; même admirés, ils n'ont pas prise sur l'évolution de la société en tant que telle. D'autres, plus radicaux, entendent lutter contre l'existence même d'un pouvoir dans la société ; ils nient en quelque sorte le pôle collectif de l'avènement de l'homme. Cet excès les conduit souvent à tomber eux-mêmes dans les pires dépravations qu'on puisse reprocher à un pouvoir de groupe. Rien n'est plus totalitaire que le groupe où l'on a décrété que « casser la baraque » est le seul moyen de mettre fin à l'oppression du pouvoir établi : loi du secret, discipline implacable, liquidation des déviants y sont monnaie courante. L'idolâtrie du pouvoir dont chacun est porteur à titre personnel peut conduire des hommes à ignorer ce pouvoir personnel chez autrui. La perte du sens d'un destin collectif des hommes se paie en défaite d'hommes dans leur destin individuel.

A l'opposé des protagonistes du pouvoir que chaque individu doit exercer au titre de sa qualité d'être humain, il y a ceux, bien plus nombreux, qui tiennent par-dessus tout à être reconnus par leur appartenance à une société. L'expérience amère du désordre peut les avoir conduits à faire ce choix. Mais elle n'y est pas nécessaire. Il est des tempéraments pour qui la première satisfaction à se donner est celle de la bonne marche des choses, du bon ordre dans les relations, de la sécurité. Le culte du groupe n'est pas une invention récente. Ce n'est pas non plus une survivance du passé. Le goût du port de l'uniforme et de la marche au pas réapparaît soudain en des milieux où on le croyait périmé.

Mais les moyens qu'utilise un groupe humain pour assurer sa propre cohésion peuvent marquer profondément la conscience personnelle de ses membres. La tendance de tout groupe est à secréter l'idéologie unitaire par laquelle il fortifiera du dedans sa propre existence de groupe. Au nom de cette idéologie, la masse sera persuadée d'en rabattre toujours plus du pouvoir que chacun détient comme individu afin que devienne plus vigoureux le pouvoir du groupe. Cette tendance jouera d'autant plus aisément que le groupe aura davantage cédé au penchant de se définir en opposition à d'autres groupes réputés concurrents ou même ennemis. Les mobilisations sont plus aisées quand l'adversaire a été décrit comme irréductible.

L'emprise idéologique peut conduire les membres d'un groupe à perdre leur vie joyeusement et en masse pour le salut d'un groupe dont le visage est de moins en moins humain. L'hystérie collective des *manifestations monstres,* liturgie préalable aux grandes hécatombes guerrières, signifie en fait que l'homme est déjà mort en tant qu'homme dans le groupe. L'idolâtrie du pouvoir dont le groupe est porteur fait obstacle à l'avènement de l'homme en ce groupe car elle y fait perdre le sens du pouvoir personnel propre à chacun des membres du groupe.

Qu'on s'abandonne à l'idolâtrie du pouvoir que chacun détient ou à l'idolâtrie du pouvoir du groupe, l'homme est empêché d'advenir. Obscurément conscients de cet enjeu, les hommes cherchent à instaurer des pratiques permettant d'éviter l'un et l'autre excès.

Le monde africain a inventé le palabre : on y vise à obtenir l'unanimité du groupe sur toute décision. Plus pressé, le monde occidental fonctionne sur le principe de la majorité démocratique.

Dans ce système, on sait bien que ce qui est voulu par la majorité n'est pas forcément voulu par tous. Mais comme il faut bien décider, on choisit de faire comme si ce que veut le plus grand nombre était effectivement ce que tous veulent. On s'accorde sur la fiction juridique d'une « volonté générale » dont on fait comme si elle était la volonté de tous. On feint d'avoir résolu le problème d'un pouvoir où la décision du tout soit celle de chacun. Mais le pouvoir qui s'exerce dans le groupe est ainsi justifié aux yeux de tous les membres du groupe puisque tous sont d'accord pour penser que leur volonté générale se traduit dans ce que le pouvoir du groupe a décidé.

UN PROBLÈME DONT LA SOLUTION DEMANDE QU'ON Y CROIE

Les sociétés antiques avaient elles aussi connu le besoin de justifier à leurs propres yeux et aux yeux de leurs membres un état de fait où le pouvoir qui est dans le groupe prend le pas sur le pouvoir qui est en chacun de ses membres. Comme nos sociétés modernes, elles avaient résolu le problème par le recours à une fiction. Chez elles, la fiction consistait à justifier la prépondérance de la volonté du groupe sur les volontés individuelles par la référence à un ordre sacral : le pouvoir était exercé dans le groupe par un chef qui était censé le détenir du dieu ou des dieux vénérés par le groupe.

Dans ces sociétés sacrales, le chef du groupe (prince, roi, empereur...) a été très souvent considéré comme descendant direct du dieu auquel le groupe devait son existence. On saluait donc ce chef du titre de « Fils » du dieu dont le groupe était né. Ainsi Pharaon était-il appelé « Fils de Rhâ », le dieu-soleil. Tout près de nous, les empereurs du Japon étaient vénérés et obéis par leur peuple à un titre semblable (3).

Les hommes des sociétés sacrales trouvaient normal de n'avoir pas à faire état d'un pouvoir personnel à exercer puisque la décision sur leur destin, comme individus et comme groupe, revenait au dieu du groupe. Aussi leurs chefs se présentaient-ils volontiers comme « serviteurs du dieu » du groupe et chargés par ce dieu de promulguer et de faire exécuter ses volontés (*cf.* 2 Ch 35, 21 ; Ps 2, 7). Le titre de « serviteur du dieu » dont se prévalait le chef du groupe faisait admettre comme normale aux membres du groupe une situation où leur pouvoir comme individus était pratiquement rendu inexistant.

Entre la fiction utilisée dans les sociétés antiques et la fiction utilisée dans nos sociétés modernes à régime démocratique, la différence est évidemment considérable. Et cependant, le procédé est du même type. Les sociétés modernes, comme les sociétés antiques, ont besoin que leurs membres croient au pouvoir qui s'exerce au-dedans d'elles en tant qu'elles sont des sociétés. Dans les sociétés antiques, la dimension sacrale donnait au fait de croire une évidente coloration religieuse ; mais la fiction à laquelle recourent les sociétés démocratiques est de type religieux sans en avoir les couleurs ; elle justifie le pouvoir qui s'exerce au niveau du groupe en obtenant à son endroit, de la part des membres du groupe, une sorte d'acte de foi : « Le pouvoir n'a que la force qu'on veut bien lui attribuer ; même le plus brutal est fondé sur la croyance », écrivait Paul Valéry.

---

(3) On trouvera de nombreux exemples de cette pratique dans le *Traité d'histoire des religions* de Mircéa Eliade (p. 65 et 123 à 129) : Mongols, Chinois, Indiens, Incas, Hittites, Babyloniens, Egyptiens... C'est un principe assez semblable qui caractérise l'Islam chiite : les Imans y revendiquent un pouvoir politique du fait qu'ils sont la descendance du Prophète par son beau-fils Ali.

Or dans ce recours à la croyance, les sociétés modernes peuvent se montrer aussi méprisantes pour l'individu humain que la plus arriérée des sociétés sacrales d'autrefois. Dans les sociétés modernes, le pouvoir sait comment inculquer aux membres du groupe les habitudes de pensée, les réflexes et les idées qui donneront aux individus l'illusion d'exercer le pouvoir qui est en eux sans que les pratiques du pouvoir en place aient à être modifiées. Il n'y a pas que de l'exagération dans le slogan de 1968 : « Elections, trahison ! ». Les pratiques d'endoctrinement et de lavage de cerveau ravalent parfois des êtres humains de ce temps à un niveau de conscience de soi bien inférieur au niveau de conscience d'eux-mêmes qu'assurait dans les sociétés antiques la référence à un même ancêtre commun. La pire inexistence qu'on puisse infliger à un homme n'est pas celle qu'entraîne l'illusion d'exister du fait d'un ancêtre divin mythique : c'est celle qu'entraîne l'illusion d'exister parce qu'on pose des actes dont on croit qu'ils sont libres alors qu'on y a été *programmé*. Dans ce second type d'inexistence, l'homme est amputé même de la possibilité de sursauts par lesquels il s'arracherait à la dépendance. Cet homme ne croit pas. Il est mené. C'est un homme qui ne « dominera » jamais parce qu'il vit dans l'illusion de « dominer » déjà. En lui, faute d'y croire, l'homme n'adviendra pas.

Problème d'un pouvoir qui doit être exercé simultanément par un collectif et par chacun des membres dont ce collectif est formé, le problème de l'avènement de l'homme est un problème insoluble si on n'y croit pas. Il faut y croire !... (4). Il faut que l'individu croie au collectif sans toutefois que le collectif en profite pour exiger de l'individu une adhésion inconditionnelle ; et il faut que le collectif croie aux individus qui le constituent sans toutefois que ces individus exigent du collectif un laisser-faire inconditionnel. L'homme n'advient ni dans les

(4) Sous cet aspect, le mot pouvoir rejoint le contenu originel du mot autorité : ont de l'autorité ceux en qui on croit et qui vous le rendent. Se reconnaître mutuellement comme sujets fait advenir l'homme en rendant possible la croissance (c'est le sens du mot latin *autoritas*). La langue latine tire de la même racine KR le verbe croire et le verbe croître *(cre-do - cre-sco)*. L'homme « croît » (croître) parce que des hommes y croient concrètement dans leurs rapports.

individus que leur intégration à un collectif prive de toute existence personnelle propre, ni en ceux que leur totale indépendance par rapport à tout groupe humain transforme en monades incapables de relations ; mais il n'advient non plus ni dans les groupes où l'omnipotence du collectif fonctionne comme une mécanique niveleuse de consciences ni dans les groupes que leur inconsistance rend incapables d'assurer à leurs membres un minimum d'interpellation réciproque. En aucun de ces divers types de situations l'homme n'advient comme homme. Aucune relation de foi n'y joue ni de la part du groupe envers ses propres membres ni de la part des membres envers leur groupe.

En ce qui regarde le déploiement d'une telle relation de foi, le message des Ecritures n'aurait-il pas quelque chose d'intéressant à entendre ?

CHAPITRE DEUXIEME

LA QUESTION DU POUVOIR DANS LA REVELATION CHRETIENNE

LE SERVITEUR DONT PARLENT LES ECRITURES

Le monde israélite, comme l'ensemble des sociétés antiques, a vécu le problème du pouvoir dans la référence à un univers sacral. Les chefs qui conduisent Israël reçoivent le titre de « serviteur du Seigneur ». Ainsi en est-il de Moïse (Jo 1, 2 et 13) et de Josué (Jo 24, 29).

Lorsque les textes bibliques désignent couramment le roi David comme « serviteur du Seigneur » (Ps 78, 70 ; 89, 21), la dynastie davidique trouve dans ce simple énoncé la plus solide justification de son hégémonie. En dehors de la soumission à ce roi que le Dieu d'Israël appelle son *serviteur* et en dehors de la soumission au fils de David que Dieu appelle du titre de *fils* (1 Ch 28, 6), point de salut possible pour ce peuple. Le problème du pouvoir est donc vécu ici exactement comme il est vécu dans n'importe quelle autre société sacrale du même temps.

Mais il se trouve que cette pratique commune au monde biblique et aux autres sociétés du même temps va cesser d'être l'axe selon lequel le problème du pouvoir sera vécu. A la suite du Schisme et dans le prolongement des épreuves politiques qui aboutissent à l'anéantissement des deux dynasties rivales de Samarie et de Jérusalem, un retournement se produit en

Israël. Ce retournement est résumé en une formule toute simple : « Mon serviteur, dit Dieu, justifiera les foules » (Is 53, 11).

Dans la mentalité sacrale des sociétés antiques, le détenteur du pouvoir était justifié en toutes ses décisions et toutes ses actions du simple fait qu'il était «Fils» et « serviteur » du dieu.

La formule des Ecritures en Isaïe inverse cette situation. Il s'agit bien toujours de l'exercice du pouvoir. Mais il en est fini de ces « serviteurs » dont les choix étaient automatiquement justifiés parce qu'ils promulguaient les volontés du dieu du groupe sur le groupe. Le Dieu Vivant parle de son « serviteur » comme de quelqu'un qui endure l'écrasement, l'anéantissement de soi pour que soient justifiées les foules sur qui s'exerce son pouvoir.

Tel est le témoignage des Ecritures pour ce qui regarde l'exercice du pouvoir. Il s'est passé, dans l'expérience biblique, quelque chose tout à fait à part. Tentons donc d'élucider ce *quelque chose* en scrutant cette expérience.

UNE EXPÉRIENCE AUX DIMENSIONS DE L'HOMME

Tous les familiers de la Bible connaissent les textes que la tradition a intitulés « Chants du Serviteur » (Is 42, 1-7 ; 49, 1-6 ; 50, 4-9 ; 52, 13 à 53, 12).

Ces textes sont une alternance de soliloques et de dialogues.

Il y est question de la manière d'être « serviteur » par laquelle s'accomplira le projet de Dieu : un projet de Salut pour toutes les nations de la terre.

Dire qu'il s'agit de Salut, c'est dire qu'il s'agit d'un horizon de plénitude, d'achèvement, de réalisation selon toutes les dimensions d'une vie vraiment humaine. Dans le langage d'aujourd'hui nous pourrions exprimer cette idée de Salut à travers la formule que nous avons dégagée en commentant le propos initial de Dieu sur l'homme (Gn 1, 26) : l'avènement de l'homme pleinement achevé !

A cette idée d'avènement d'un homme pleinement achevé, on peut rapporter, dans les Chants du Serviteur, les divers passages où il est dit que ce serviteur, « fidèlement apporte le Droit » (Is 42, 3) et que par lui « le Salut de Dieu atteindra aux extrémités de la terre » (Is 49, 8).

Si on cherche à comprendre quelle expérience concrète est sous-jacente à la rédaction de ces textes, on est partagé. Deux niveaux de lecture sont possibles.

L'expérience dont il s'agit peut fort bien être l'expérience endurée par quelque « homme de Dieu », remplissant auprès du peuple d'Israël sa mission de serviteur de Dieu. On comprend alors que ce serviteur soit présenté comme « alliance du peuple » (Is 49, 6 et 49, 8). C'est un serviteur de Dieu qui « relève les tribus de Jacob et ramène les survivants d'Israël » (Is 49, 6).

Mais l'expérience évoquée par ces textes peut aussi s'entendre comme vécue et endurée par le peuple d'Israël lui-même, remplissant au milieu des autres nations sa mission de serviteur de Dieu. Ce serviteur est alors présenté sous des traits qu'on pourrait appeler internationaux : il est celui qui « apporte aux nations le Droit » (Is 42, 1) et dont « les îles attendent les instructions » (Is 42, 4) ; ce serviteur est un groupe humain destiné à « être la lumière des nations » (Is 42, 6) pour porter « le Salut de Dieu jusqu'aux extrémités de la terre » (Is 49, 6).

Ces textes peuvent donc être lus comme relatant l'expérience du rapport difficile entre un individu et son propre peuple, mais aussi et tout aussi bien, l'expérience difficile du rapport entre un peuple particulier et l'ensemble des nations.

Il y a là un fait extrêmement significatif.

C'est le signe que l'expérience du serviteur dont parlent les Ecritures est une expérience où s'énonce et se vit le problème de l'exercice du pouvoir aux deux niveaux où nous l'avons perçu : un pouvoir à exercer simultanément par *tout humain* et par le *tout humain*. C'est un tel exercice du pouvoir qui est vécu dans l'expérience du serviteur dont parlent les textes d'Isaïe. Celui que Dieu appelle son serviteur est désigné ici à bon droit par ce titre.

La manière dont est vécu l'exercice du pouvoir dans ce serviteur de Dieu ne réduit personne (individus ou groupe) au non-pouvoir : ni les membres de son propre peuple, ni le groupe qu'ils forment en tant que peuple ; ni les nations avec lesquelles le serviteur fait nombre comme nation, ni l'ensemble formé par la multitude des nations. Bien au contraire ! Car cette manière d'exercer le pouvoir, au témoignage même du texte, aboutit à faire cesser toutes les situations qui abîment et diminuent les hommes. Les captifs sortent de prison, les aveugles retrouvent la vue, les gens méprisés rencontrent le réconfort, les opprimés sont libérés, les muets parlent et les aveugles voient (*cf.* Is 42, 7 ; 49, 7 ; 50, 4).

Qu'elle soit lue comme expérience d'un individu, serviteur de Dieu dans son peuple, ou qu'elle soit lue comme expérience de tout un peuple, serviteur de Dieu au milieu des autres peuples, l'annonce qui est faite dans les « Chants du Serviteur » est au bénéfice de l'homme. C'est une *bonne nouvelle* pour l'homme ! « Le Salut de Dieu rejoint les extrémités de la terre » : *tout humain* où qu'il soit et le *tout humain* en sa totalité.

Dans l'expérience du serviteur, nous retenons donc un premier axe.

Cette expérience est aux dimensions de l'homme en ce sens que celui qui la vit contribue à ce que l'homme progresse vers la plénitude de son avènement d'homme.

Une expérience qui dépasse l'homme

Mais en même temps qu'elle rejoint bien les différentes dimensions de l'homme, l'expérience du serviteur dont parlent les Ecritures se révèle être une expérience qui échappe aux seules possibilités de l'homme.

Le titre de « serviteur du Seigneur » est donné en effet à un être humain, homme de Dieu ou peuple de Dieu, dont l'expérience est en définitive celle de l'écrasement, jusqu'à ce non-pouvoir total qu'est la mort. Car c'est bien de mort qu'il s'agit (Is 51, 8-9 ; 51, 12).

Cette mort peut s'entendre des écrasements jusqu'à l'extermination endurés par le peuple d'Israël de la part des autres nations (Is 49, 7) ; il s'agit alors d'une mort à laquelle certains ont échappé ; le peuple continue quand même de survivre comme peuple. Mais cette mort peut aussi s'entendre au sujet d'un individu (Is 53, 2 et 9) ; il s'agit alors d'une mort qui est un point final au-delà duquel cet individu cesse d'exister comme individu.

Entendus à ce niveau, les textes sur le serviteur prennent la signification la plus paradoxale qui soit. Ils donnent à comprendre que le serviteur du Seigneur permet aux autres hommes d'accéder à la plénitude de leur propre existence uniquement par le consentement qu'il donne au fait de cesser d'exister lui-même.

Une telle perspective laisse entendre qu'on ne saurait interpréter le visage de ce serviteur en utilisant des catégories psychologiques ou morales.

Ce serviteur n'est pas un être humain ou un groupe humain plus bonasse que les autres. Ce n'est ni le « peuple au profil bas » encaissant la persécution en attendant que ça passe, ni l'individu « au cœur d'artichaut qui se laisse *bouffer* » parce qu'il manque d'idées et de caractère. Ce serviteur vit les problèmes dans lesquels il se trouve impliqué en s'y investissant totalement lui-même alors même que ses efforts n'aboutissent pas (Is 49, 4) ; il sait que l'œuvre à laquelle il travaille est une œuvre de portée universelle (Is 49, 5-6). Les énergies à déployer pour que cette œuvre aboutisse dépassent les moyens dont le serviteur dispose par lui-même (Is 50, 5-6) ; mais le serviteur attend que ces énergies lui soient départies en temps opportun (Is 42, 4 ; 49, 2 ; 50, 7 ; 53, 1).

Aussi ce serviteur n'hésite-t-il pas à se dépouiller de son droit d'homme à « dominer » afin que les autres hommes puissent « dominer » eux aussi. Alors que les chefs honorés du titre de « serviteur du dieu » camouflaient par ce titre l'injustice de pratiques arbitraires et dépouillaient ainsi d'autres hommes de leur pouvoir d'hommes, le « serviteur du Seigneur » se dépouille du pouvoir. Il n'impose ni au groupe dont il est membre, ni aux autres nations de la terre, le visage d'homme qui est le sien au détriment du visage d'homme qui leur est propre à chacun. Au contraire ! Il va jusqu'à perdre son propre visage d'homme. Par la contradiction endurée et par la mort subie, il n'a plus, à la limite, *visage humain* (Is 52, 3-4).

« Qui croirait ce que nous entendons dire ? Le bras du Seigneur (c'est-à-dire, le déploiement du pouvoir de Dieu), à qui a-t-il été dévoilé » (Is 53, 1).

Cette question, le prophète se la pose à lui-même.

S'il se la pose, c'est que l'expérience dont il a fait état et va continuer de faire état dans les « Chants du Serviteur » est une expérience à proprement parler *incroyable*. Elle est vraiment « quelque chose d'inouï » (Is 52, 15).

Le fait inouï, c'est que d'être appelé serviteur de Dieu, loin de justifier celui qui porte ce titre, est uniquement une source d'interrogations pour lui : jusqu'où ce serviteur consentira-t-il à aller pour que les hommes (individus et nations) auprès de qui s'exerce son pouvoir soient rejoints par le Salut que Dieu a promis.

Dans l'expérience du serviteur ainsi perçue, on voit se dégager une exigence qui est un second axe.

Cette expérience du serviteur est nécessairement une expérience de contradiction et d'écrasement. La force de supporter ainsi contradiction et écrasement n'est pas une force dont l'homme dispose en lui-même à partir de lui-même.

Il n'est pas exagéré de dire que si cette expérience est aux dimensions de l'homme, c'est aussi une expérience qui dépasse l'homme.

Une expérience qui implique le déploiement de la foi

En posant la question « Qui croirait ce que nous entendons dire ? », le prophète ne souligne pas seulement le fait que l'expérience du serviteur comporte le déploiement d'une puissance qui est la puissance même de Dieu. Il met aussi en évidence que ce déploiement s'effectue par des voies mystérieuses, énigmatiques.

Le serviteur lui-même n'y voit pas toujours clair dans ce qui se passe. Son mouvement spontané serait même de penser que toute son expérience n'est qu'illusion. « Je me disais : je me suis fatigué en vain ; c'est pour rien que j'ai usé mes forces » (Is 49, 4).

Aussi ce serviteur ne persévère-t-il dans la mission qui est la sienne qu'en raison de sa foi à la parole qui lui a été dite par Dieu : « Tu es mon serviteur... En toi je me glorifierai... » (Is 49, 3).

Dans la contradiction, devant la mort, ce serviteur continue de croire.

Il ne poursuit pas dans sa mission parce qu'il est entêté dans ses idées ou projets, mais parce que Dieu lui-même le soutient et lui vient en aide.

« Voici mon serviteur que je soutiens, mon élu que préfère mon âme ; j'ai mis sur lui mon Esprit » (Is 42, 1).

« Le Seigneur me vient en aide ; c'est pourquoi j'ai su que je ne serai pas confondu » (Is 50, 7).

L'expérience dont fait état le serviteur se révèle ainsi comme une expérience de foi poussée à son extrême limite. Le serviteur est un homme qui croit à la parole que Dieu a dite. Parce qu'il croit à la parole de Dieu, il continue de se donner à une œuvre dans laquelle il endure pourtant son propre écrasement. Le serviteur rend possible que s'opère le relèvement de la multitude parce que, sur la parole de Dieu, il croit au destin de cette multitude.

L'emploi du mot « serviteur » dans les Ecritures met en évidence deux types de discours à ne pas confondre.

Il y a le discours tenu par ceux qui se disent eux-mêmes « serviteurs du dieu » (Rhâ, Thor, Jupiter... La Loi, la Science, la Race, l'Etat...). Ces gens-là se disent « serviteurs » de leur dieu pour se justifier d'exercer sur d'autres hommes un pouvoir qui réduit ces hommes au non-pouvoir.

Il y a le discours tenu par celui que Dieu lui-même appelle son serviteur. Ce serviteur-là se laisse réduire à l'état le plus complet de non-pouvoir afin que tout humain et tout groupe humain accède à l'exercice du pouvoir qui est en lui, à sa mesure et pour sa part.

Les deux types de discours se ressemblent mot pour mot. Le

mot serviteur sert dans un cas comme dans l'autre à fonder la légitimité des pratiques. Mais les pratiques ainsi légitimées sont rigoureusement opposées. D'un côté on prend son parti d'empêcher l'homme d'advenir en certains hommes concrets pour mieux préserver le pouvoir qu'on détient, soit comme individu, soit dans le collectif qu'on incarne... De l'autre, on croit que faire advenir l'homme en tout homme concret particulier et le faire advenir en des collectifs humains jusqu'à un collectif unique est une seule et même tâche. On le croit, parce que Dieu l'a dit à travers l'énoncé : « Faisons l'homme... et qu'ils dominent ! ».

A cause de cette parole, on admet, au service de cette tâche, de perdre soi-même la face sur le moment. On l'admet non parce qu'on oublie qu'on est soi-même un homme, mais parce qu'on croit qu'on sera, avec les autres hommes, cet HOMME qu'on aura contribué à faire advenir. Dieu l'a dit ! On y croit.

Les deux types de discours ont en commun le mot « serviteur ». Mais entre eux, le fossé est infranchissable. On ne passe pas de l'un à l'autre. Le premier ne connaît que sa propre logique ; le second fonctionne sur une logique où l'on croit à la puissance de Dieu : le bras du Seigneur ! (Is 53, 1). Le « serviteur » dont les Ecritures décrivent l'expérience ne justifie sa manière de penser et d'agir que par l'affirmation de sa foi.

***

Ces réflexions sur le message des Ecritures nous montrent où se trouve le point crucial dans l'exercice du pouvoir. Le pouvoir peut s'exercer de telle manière qu'au lieu de contribuer à faire exister l'homme il rende des humains inexistants.

Pour rendre des humains inexistants, on aura certes d'excellentes intentions : le bien-être, le bon ordre...

Que l'on agisse ainsi en se disant « serviteur » du dieu qu'est la Race, l'Etat, le Parti, la Science ou quelque autre entité érigée en Absolu ne change rien au fait : on ne devient pas homme en empêchant d'autres humains d'exister !

Le serviteur de Dieu dont parlent les Ecritures fait exister d'autres humains en y mettant au besoin le prix de sa propre existence : il croit, même par-delà sa propre mort ! Individu, il croit au groupe dont il est membre. Groupe, il croit aux autres groupes dont est formé le monde humain. Il croit que l'homme advient en sa propre personne, dans l'acte même où il consent à sa propre mort pour que l'homme advienne en la personne d'autres hommes. Il le croit, si incroyable que ce soit. A la limite, il croit que Dieu peut ressusciter les morts...

Tel est le serviteur dont parlent les Ecritures.

Ce serviteur introduit le dynamisme de la foi dans le problème de l'exercice du pouvoir. Par la foi, il apporte la réponse apte à prendre en compte les données de ce problème comme problème de l'homme en besoin d'advenir simultanément dans le TOUT HUMAIN et en TOUT HUMAIN.

Dans l'écrasement auquel il consent par la foi, le serviteur fait advenir l'homme par un pouvoir qui ne dépouille aucun homme du pouvoir qui est en chaque homme et fait même retrouver ce pouvoir à ceux des hommes qui en avaient été dépouillés par des pouvoirs injustement exercés.

Parler ainsi du pouvoir, c'est déjà se trouver au seuil de l'Evangile.

LE SERVITEUR MANIFESTE EN JESUS-CHRIST

Les Evangiles sont des textes suffisamment simples et directs pour que tout homme puisse en percevoir le sens immédiat : un message de libération et de bonheur, la « bonne nouvelle » pour tous.

Mais cette « bonne nouvelle » n'est une bonne nouvelle pour tous que par la personne de celui qui l'annonce à tous. Cette personne, c'est Jésus-Christ en tant qu'il vit la condition du serviteur.

L'HOMME A FAIRE ADVENIR PROBLÈME DE JÉSUS-CHRIST

Jésus-Christ nous est présenté dans l'Evangile comme ayant vécu la condition de serviteur. Les évangélistes reprennent à son sujet plusieurs passages où le prophète Isaïe décrit le serviteur (Mt 12, 18 ; Lc 4, 17). Lui-même s'est présenté comme étant « celui qui sert » (Lc 22, 27 ; Jn 13, 16).

Si Jésus-Christ s'était adjugé le titre de serviteur en menant une vie de Pharaon, le mot serviteur aurait sur ses lèvres le sens que lui donnerait une vie de Pharaon. Jésus-Christ ayant vécu un destin bien caractérisé, c'est à partir de ce destin que nous cherchons à préciser le sens à donner au mot serviteur dans l'Evangile. A partir de là, il nous sera possible de préciser quel sens donner au mot ministère.

Il faut d'abord constater que Jésus, en se proclamant serviteur, ne fait pas référence à ses propres comportements comme étant les comportements d'un homme bonasse, gentil, accommodant, dévoué ou plus serviable que la moyenne des hommes. En se proclamant serviteur, Jésus se situe en référence à une œuvre qu'il s'agit de mener à terme : l'œuvre de son Père (Jn 4, 34).

Cette référence à une œuvre qui est l'œuvre de son Père est parfaitement explicitée dans l'Evangile de saint Jean. Il suffit de méditer les propos tenus par Jésus après la guérison du paralytique de Bézatha (Jn 5, 17-36).

Le paralytique de Bézatha, c'est l'homme qui n'est pas pleinement homme : il ne « domine » pas ! Allongé sur son grabat, il est à la merci d'autrui (Jn 5, 7). En remettant debout le paralytique un jour de sabbat, Jésus atteste que pour lui, « faire advenir l'homme » est une tâche que le repos du sabbat lui-même ne saurait faire remettre à plus tard. Pas plus que son Père, Jésus ne prendra de repos tant que cette tâche n'aura pas été menée à son plein accomplissement. Pas de sabbat en attendant !

Venu se mêler à la foule, dans ce lieu de Bézatha qui était probablement tenu pour impur en raison d'un culte païen en l'honneur d'Esculape, Jésus montre que c'est l'HOMME qui l'intéresse avant tout, non les principes. Pour Jésus-Christ, permettre à un homme et à des hommes de progresser vers une plus grande maîtrise d'eux-mêmes, c'est faire avancer vers son achèvement l'œuvre du Père. A cette œuvre, « le Père travaille sans trêve » (Jn 5, 17) ; aussi le Fils est-il au service de cette œuvre également. Dans cette activité, il se prévaut de « ne rien faire qu'il ne voie faire au Père ». Il affirme en toute tranquillité : « Ce que fait le Père, le Fils le fait pareillement » (Jn 5, 19).

De telles formules sont claires.

Dans son activité, Jésus fait l'œuvre de son Père. Les faits au sujet desquels Jésus emploie ces formules donnent à ces formules un sens incontestable. Pour Jésus, faire l'œuvre du Père, c'est stimuler ou, au besoin, restaurer chez les hommes le pouvoir qui est en chacun d'entre eux !

D'une manière générale, l'intervention de Jésus auprès des hommes provoque chacun d'eux à devenir pour lui-même source des décisions qui le concernent et artisan de la mise en œuvre de ces décisions. « Si quelqu'un veut... » « Si tu veux... » « Que veux-tu... ? » (Lc 9, 23 ; Mt 19, 21 ; Mc 10, 31 ;...) Jésus invite tous les hommes à mettre en œuvre les possibilités qui sont en eux : « Qu'ils dominent ! ».

Les miracles que fait Jésus ont de l'importance d'abord sous cet aspect. Ils signifient la volonté de Jésus de restaurer en tout humain la capacité de mettre en œuvre le pouvoir qui est normalement en chaque humain : marcher pour le paralytique, parler pour le muet, voir pour l'aveugle, sortir du tombeau pour le mort, c'est retrouver le pouvoir dont on a été dépouillé soit par la naissance, soit par la maladie soit par quelque autre circonstance imputable ou non à l'homme (*cf.* Jn 9, 2-3).

L'homme à faire advenir, avec ce plein achèvement de lui-même qu'est l'accès à l'exercice du pouvoir, est bien le pôle essentiel de l'activité de Jésus-Christ. On ne se le redira jamais assez : Jésus-Christ n'est pas serviteur parce qu'il se montre dévoué, gentil, serviable ! Il est serviteur par des comportements, actes, silences, paroles, attitudes, qui le situent dans le prolongement de l'expérience du serviteur dont parle Isaïe :

rendre la dignité aux opprimés, la vue aux aveugles, la parole aux muets, la marche aux paralytiques, la liberté aux captifs, la vie aux morts (Is 42, 5-7).

L'homme a faire advenir préféré par Jésus-Christ a sa propre vie

Mais cette activité où Jésus redonne aux hommes le goût et les moyens d'exister en hommes a vite ses incidences sur son propre destin d'homme.

Rendre la santé à un malade le jour du sabbat n'est pas une manière de se faire bien voir par les gens qui tiennent le sabbat pour un absolu ! Saint Jean place dans le récit même de l'événement de Bézatha la première allusion à un projet de faire périr Jésus (Jn 5, 18).

Inviter les hommes à devenir pour eux-mêmes la source de toute décision au sujet d'eux-mêmes ne peut pas satisfaire les gens pour qui toute décision à prendre doit être cherchée dans les énoncés d'une loi déjà écrite ou, tout au moins, dans les commentaires qu'en font ceux qui s'y entendent (Jn 5, 45-47).

C'est par une montée d'oppositions que se dessine dans les Evangiles le visage de Jésus en tant qu'il est « le Serviteur ». Pour être ce serviteur, il n'a pas suffi que Jésus contribue à faire advenir l'homme en rendant la parole aux muets, la marche aux paralytiques, la vue aux aveugles, la dignité aux méprisés... Il a aussi fallu que Jésus se situe dans l'axe de contradictions à endurer, tel qu'Isaïe l'avait explicitement fait entrevoir : un être méprisé, mis au nombre des pécheurs (Is 49, 7 ; 52, 12).

En consentant au mépris et à l'accusation d'être pécheur, Jésus-Christ donne à l'homme à faire advenir en tout homme et dans le monde des hommes un prix plus grand que le prix qu'il donne à sa propre vie. L'homme à faire advenir est l'œuvre voulue par son Père. Jésus préfère cette œuvre à lui-même.

Ainsi, le comportement de Jésus-Christ, si on veut en préciser correctement le contenu, requiert qu'on ait souci de tenir ensemble les deux traits que suggère l'expérience du serviteur dont Isaïe a parlé. D'une part, le comportement du serviteur stimule ceux auprès de qui il s'exerce pour qu'ils mettent en œuvre le pouvoir qui est en eux : c'est la condition pour qu'ils deviennent les hommes qu'ils doivent être ! Loin de les réduire à une situation de non-pouvoir, Jésus-Christ restaure en eux le goût d'exercer le pouvoir chacun à sa mesure et pour sa part. Mais par ailleurs, le comportement du serviteur conduit Jésus à devoir endurer de la part des hommes un écrasement qui va jusqu'à sa propre mort : cette situation fait de lui l'homme le plus dépouillé de tout pouvoir ! Lui qui stimule et restaure en tout homme le goût et l'exercice du pouvoir se laisse réduire à une situation de total non-pouvoir pour sa propre part.

Telle est la condition du serviteur vécue par Jésus-Christ. Il a mis tout le pouvoir tenu de son Père à entrer dans la situation de non-pouvoir qui lui est faite par les hommes ses frères. On touche ici au niveau le plus profond de ce qu'est le serviteur ; seul ce niveau donne son sens exact au mot MINISTÈRE.

Le mot ministère vient du mot latin « minister » qui signifie serviteur. Le mot ministre sert à désigner aujourd'hui les membres d'un gouvernement. Sa première signification était celle d'une condition inférieure où l'on est soumis à quelqu'un dont on exécute les volontés. *Minister* (de *minus* : moins !) s'opposait à *magister* (de *magis* : plus !). Pendant longtemps, le mot ministre avait gardé cette signification première. On le perçoit par exemple dans le texte où François d'Assise parle des responsables de communautés qui doivent être « ministres et serviteurs des autres frères » (*Seconde règle,* chapitres 8 et 10).

Employer le mot ministère pour désigner l'activité et les comportements de Jésus-Christ suppose qu'on ne perde pas de vue les enracinements bibliques à partir desquels ces comportements et cette activité ont sens pour Jésus-Christ lui-même. Le mot ministère, pour satisfaire à cette exigence, devrait être dégagé de toute la gangue dont l'encrassent les représentations sentimentales venues le surcharger au long de dix-neuf siècles : images sociologiques de bénévolat et de serviabilité. Dégagé de ces représentations, le ministère de

Jésus-Christ réapparaît pour ce qu'il est : le fait de préférer à sa propre vie l'achèvement de l'œuvre voulue par Dieu : l'HOMME ! A l'homme qu'il était lui-même comme fils de la femme appelée Marie, Jésus-Christ a préféré l'homme à faire advenir en chaque homme et dans la totalité du monde des hommes. Son seul projet, si l'on peut employer ici le mot projet, a été *que le Salut de Dieu atteigne aux extrémités de la terre.*

C'est en cela que Jésus-Christ est serviteur ! En cela a consisté son ministère ! Ce ministère a été un « combat pour l'homme » ou, si l'on préfère, une agonie...

Une condition de serviteur qui doit se prolonger dans un collectif

Le ministère de Jésus-Christ, tel qu'on vient d'en préciser le sens, semble bien donner pleine réalisation aux textes bibliques où Dieu parle du serviteur par qui s'accomplira son œuvre. Cependant, l'expérience du serviteur telle que Jésus-Christ l'a vécue ne réalise pas tout le contenu de ces textes.

En effet ces textes bibliques laissent constamment ouverte la question de savoir si le serviteur dont ils parlent est un individu ou un collectif, un « homme de Dieu » ou le « peuple de Dieu ».

Les comportements de Jésus-Christ en son ministère sont les comportements d'un individu : l'homme né de la juive appelée Marie. Pour si conformes qu'ils soient aux énoncés prophétiques, ces comportements de Jésus-Christ n'épuisent donc pas tout le contenu des énoncés. Le « serviteur du Seigneur » a été vu comme individu sous les traits de l'homme Jésus-Christ ; mais ce « serviteur du Seigneur » doit aussi être vu comme collectif. La réalisation des paroles dites par les prophètes requiert donc que des humains, conscients de former un peuple de Dieu, entrent eux aussi, *comme collectif,* dans le comportement décrit par le prophète.

Entrer dans ce comportement consisterait à œuvrer comme collectif pour que tout homme et tout groupe d'hommes accède à la libre décision sur soi-même fallut-il, comme collectif, se laisser réduire soi-même à la situation de non-pouvoir à laquelle a consenti Jésus-Christ. Le combat pour que soit reconnu à TOUT HUMAIN et à tout groupe du TOUT HUMAIN le pouvoir qui lui appartient exige de ce collectif qu'il y mette lui aussi le prix. Ce qui suppose que ce collectif ne se contente pas d'être une simple addition d'individus, mais s'engage à la suite du Christ comme Corps, communauté. Vivre la condition de serviteur n'est donc pas se nourrir de hautes idées généreuses. C'est le dur chemin à suivre, comme Eglise, à travers contradictions et écrasements, pour contribuer à ce qu'advienne un homme qui soit l'homme voulu par Dieu. Quand on parle du ministère de l'Eglise, c'est à un combat pour faire advenir l'homme qu'on devrait spontanément penser...

Vivre ce combat (cette agonie !) exige de l'Eglise qu'elle ne ferme ses yeux ni sur tant d'humains que paralyse la peur, ni sur tant d'autres qu'aveuglent leurs idéologies, ni sur tant d'autres que rend sourds l'endurcissement des entrailles, ni sur tant d'autres que la pire des morts tient emmurés dans le tombeau de leurs égoïsmes. En tous ces humains l'homme est empêché d'advenir. Pour que le Salut de Dieu parvienne à ces humains (individus et groupes), ces humains fussent-ils « aux extrémités de la terre », la condition du serviteur est à vivre. Elle est à vivre par ceux qui, en ce monde, sont le « peuple de Dieu ».

Vivre le ministère de l'Eglise comporte nécessairement pour ceux qui en sont membres qu'ils consentent à subir la contradiction, les écrasements et même la mort selon le destin vécu par le « peuple de Dieu » dont parlent les Ecritures.

On ne peut pas nier que l'Eglise ait connu ce sort à certaines époques de son histoire, dans les jeux du cirque et les travaux des mines sous l'Empire romain, dans les goulags et les camps de concentration sous les empires modernes, dans les exterminations endurées en raison de leur foi par des peuples entiers comme ce fut le cas des Arméniens au XXe siècle et des peuples balkaniques au siècle précédent... Mais peut-être faut-il s'interroger sur le fait que le peuple de Dieu le plus exterminé dans l'affrontement idéologique des années 1940 n'a pas été le peuple de Dieu né de l'Evangile mais le peuple de Dieu dépositaire des « Chants du serviteur ».

Ce fait est porteur pour l'Eglise d'une question dont on ne saurait minimiser la gravité. Si les humains de ce temps, enlisés dans le monoidéisme de leurs barbaries idéologiques, sont réduits à aller chercher dans la descendance d'Abraham les victimes dont ils ont besoin, c'est peut-être que le peuple des fidèles de Jésus-Christ ne représente plus assez pour eux le monde humain « autre » auquel s'en prendre. La condition du serviteur, en tant qu'elle est à vivre par un collectif, suppose que ce collectif préfère à sa propre vie l'homme à faire advenir. Une Eglise dont les membres ont pour premier souci de se conserver eux-mêmes en vie pour le Salut du monde devient lamentablement semblable aux puissances de ce monde. Elle laissera le Salut du monde en quenouille pour ne s'intéresser qu'aux ficelles lui permettant de se tirer d'affaire au mieux. Mais dans une telle Eglise, le mot ministère aura pratiquement perdu l'essentiel du contenu qu'il tenait des Ecritures et de l'expérience vécue par Jésus-Christ. On aura beau y parler de *service*, d'*Eglise-servante* et de *croyants-serviteurs*, toutes ces formules n'évoqueront que des comportements d'ordre moral ou psychologique. Elles n'entraîneront pas le peuple de Dieu sur le vrai terrain où doit se vivre la condition du serviteur. Ce terrain, c'est la question de l'homme. L'Eglise ne remplit son ministère que si l'homme (tout humain et le tout humain !) est rendu capable d'exercer le pouvoir parce que des hommes (individus et groupes) ont assez cru à la parole de Dieu pour aller jusqu'au bout de la situation de non-pouvoir.

***

Nous avons essayé de placer la question des ministères dans la question de l'homme.

Cette première démarche aboutit à constater que le mot ministère a un sens bien précis, enraciné dans une expérience humaine individuelle et collective où Israël vit le retournement par lequel il annonce et engendre Jésus-Christ, le SERVITEUR.

La littérature ecclésiastique et religieuse de ce temps utilise à pleins wagons ce mot serviteur et le mot service. On voudrait à la fois éviter d'employer le mot « ministère » jugé trop clérical et le mot « pouvoir » tenu pour négatif.

Les mots n'ont d'intérêt que par les enchaînements qu'ils entraînent dans l'esprit de ceux qui les entendent. Le mot « service » s'auréole de tous les prestiges de la bonne action ; le mot « pouvoir » s'enténèbre de toutes les laideurs de la contrainte. Mais ce n'est ni de bonne action ni de contrainte qu'il est question quand on pose la question du ministère. Si Jésus-Christ n'est pas l'homme de la contrainte, il n'est pas non plus l'homme de la bonne action. Il est l'homme de l'œuvre du Père. Poursuivre le ministère de Jésus-Christ demande des croyants qu'ils soient également défiants vis-à-vis de l'idéal consistant à rendre service aux autres et vis-à-vis de l'idéal consistant à subjuguer les autres. La mission qu'ils ont à vivre et que désigne le mot ministère les implique dans un problème tout autre et autrement radical. C'est au sujet de ce que devient l'homme autour d'eux et en eux-mêmes que le mot ministère les oblige à s'interroger. Ils ne vivront le ministère de Jésus-Christ ni en se multipliant pour rendre service plus que n'importe qui ni en se dépensant pour conquérir plus que quiconque. Il s'agit seulement pour eux d'être le peuple de Dieu dont les comportements contribuent à faire que tous les humains (individus et groupes) accèdent au pouvoir chacun à sa mesure et pour sa part. Dans cette mission à remplir, le fait d'être réduits eux-mêmes, individuellement et comme peuple, à une situation de non-pouvoir est une éventualité à ne pas écarter. Ce fut le sort du Fils de Dieu fait chair en Jésus de Nazareth. Vivre ce même sort fait partie de la règle du jeu. Qui refuse cette règle du jeu ferait mieux de ne pas parler de ministère. A cette exigence, ni l'emploi massif du mot « service », ni le souci de ne jamais employer le mot « pouvoir » ne changeront jamais rien.

De tels propos suffisent à établir qu'on ne peut fonder ni n'importe comment ni sur n'importe quoi une recherche sérieuse au sujet des ministères. Il y faut une base solide. Pour établir cette base solide, nous irons chercher dans l'existence même de Jésus-Christ le principe intérieur auquel son ministère a obéi.

[illegible] explication « [illegible] » [illegible]
[illegible]

DEUXIEME PARTIE

Le problème des ministères
et
la révélation de Dieu en Jésus-Christ

Note importante pour la suite

Dans les pages qui suivent, on rencontrera à de nombreuses reprises le mot synergie.

Ce mot synergie *vient du grec* syn-ergeia, *comme le mot banal énergie* (en-ergeia). *Son préfixe indique une* mise ensemble (syn). *L'équivalent latin de* synergie *est le mot collaboration* (cum-laborare). *Mais collaborer a un sens qui insiste sur le projet poursuivi ensemble. Le mot* synergie *insiste lui sur l'origine différente des énergies mises en œuvre dans cette collaboration (ou coopération).*

Le mot synergie est employé dans la lettre envoyée au pape par Sophronius, évêque de Jérusalem, en 634, l'année même où les Arabes envahissaient la Palestine (voir l'importance de ce fait dans le chapitre de conclusion).

Par le choix de ce mot, Sophronius cherchait à exprimer correctement le fait qu'en Jésus-Christ, Dieu et l'homme conjuguent le pouvoir de commande propre à chacun ainsi que tout le dynamisme que ce pouvoir de commande met en œuvre en chacun. Ce qui résulte de cette « conjugaison » est bien l'œuvre des deux ne faisant qu'un.

Comprendre la signification du mot synergie sera plus aisé si on observe les réalités de la vie.

Au niveau de l'agir humain le plus quotidien, aucun bon résultat n'est possible si l'homme n'entre pas en synergie avec la nature. Le menuisier choisit ses lames de scie en fonction de la résistance qu'il prévoit selon la qualité du bois qu'il travaille. Le marin calcule la surface de sa voilure en tenant compte de la force du vent et de la direction qu'il entend suivre. En astronautique, on calcule la poussée de manière que le vaisseau spatial se place sur l'orbite voulue.

Les images tirées de l'activité humaine dans la nature introduisent à l'observation du comportement humain dans les rapports entre humains. Dans une équipe, l'effort de chacun s'inscrit dans l'effort de tous par une recherche de synergie faisant converger les énergies de tous vers le résultat poursuivi. Dans le patinage artistique, les deux partenaires entrent chacun en synergie avec l'autre et avec l'énergie cinétique développée par leurs mouvements. A ce niveau, la synergie devient beauté. Mais la beauté, même moins perceptible est présente dans la synergie qui se déploie là où des hommes travaillent ensemble et là où des êtres conjuguent ce qu'ils ont de plus profond comme énergies dans l'amitié : chacun y est source de son propre élan et cependant une seule action se déploie.

Parler de synergie de l'homme avec Dieu conduit à la beauté la plus achevée. Mais cette synergie dans le rapport de l'homme à Dieu suppose que l'homme vit la synergie au niveau du rapport à la nature et du rapport aux autres hommes.

Tout ceci peut aider à comprendre que la notion de synergie, même si elle est complexe, est une notion particulièrement importante à bien saisir.

CHAPITRE PREMIER

ARRIERE-PLANS THEOLOGIQUES ET ANTHROPOLOGIQUES DE LA QUESTION DES MINISTERES

Nous avons cherché à voir comment Jésus-Christ réalise en sa personne les textes prophétiques concernant le serviteur.

Cette recherche nous a permis de reconnaître le ministère rempli par Jésus-Christ dans tout un ensemble de paroles, attitudes et actions où Jésus-Christ « œuvre » pour que des hommes et l'homme lui-même adviennent dans leur intégrité humaine.

Si l'on voulait qualifier au moyen d'un adjectif unique toutes ces paroles, attitudes et actions de Jésus-Christ, on pourrait dire que ce sont des pratiques *libératrices* : celui à qui le Père a remis tout POUVOIR met en œuvre ce POUVOIR afin que l'homme (et tout homme !) accède à l'exercice du POUVOIR. L'image du captif arraché aux ténèbres de sa prison est significative de ce ministère (*cf.* Is 42, 6 ; 61, 1).

Il ne suffit pourtant pas de constater que les pratiques de Jésus sont libératrices. Il faut aussi voir en quoi, pourquoi, comment elles le sont.

Cette démarche permettra de mieux dire ce qu'est le ministère.

VERS LE SECRET DU MINISTERE DE JESUS-CHRIST

Rechercher en quoi, pourquoi, comment les pratiques de Jésus-Christ sont libératrices exige qu'on aille au cœur du mystère de sa personne. A travers, mais par-delà les pratiques elles-mêmes nous cherchons à rejoindre ce qui en fut l'inspiration.

Le ministère de Jésus-Christ comportement énigmatique

La réflexion sur les textes d'Isaïe concernant le serviteur nous a permis de dégager deux axes essentiels de la condition du serviteur. Un premier axe est la restauration de l'homme (la multitude justifiée) ; un second axe est l'écrasement du serviteur lui-même (esclave des tyrans) (Is 49, 7).

Ces deux axes sont effectivement vérifiés en Jésus de Nazareth.

La démarche dans laquelle il libère les hommes et les restaure dans l'exercice du pouvoir qui est en eux est aussi une démarche qui lui vaut de subir un supplice d'esclave et d'être réduit, dans la mort, au non-pouvoir le plus total.

Dans cette démarche, Jésus de Nazareth endure d'être *défait* dans la mort pour que les hommes soient *refaits* dans la vie ; il lui faut *perdre la face* (toute apparence humaine) sur la croix des esclaves pour que la multitude des hommes retrouve son *vrai visage* qui est liberté.

Or cette situation où Jésus de Nazareth perd la face et subit la défaite pour que les hommes retrouvent visage humain et soient refaits dans la vie est une situation dans laquelle Jésus de Nazareth affirme agir de son propre mouvement, par une décision qui ne vient que de lui-même : « Ma vie, on ne me la prend pas ; je m'en dessaisis de moi-même » (Jn 10, 18). Cet homme se prévaut d'agir en plénitude de liberté dans la situation même où toutes les apparences le donnent à voir comme réduit à la condition d'esclave.

Ce témoignage que Jésus se rend à lui-même nous oblige à repérer, dans la condition du serviteur, un troisième axe que les textes d'Isaïe n'avaient pas permis de dégager avec netteté. En se laissant réduire à la condition de non-pouvoir qu'est la mort pour que le pouvoir soit exercé par des hommes refaits dans la vie, le serviteur ne cesse pas d'exercer le pouvoir. Mais il l'exerce d'une manière autre : « J'ai pouvoir de me dessaisir de ma vie » continue le texte de l'Evangile de Jean (verset 18). Dans le mouvement où les foules sont relevées par son écrasement, lui-même est exalté dans le déploiement d'un pouvoir encore plus grand. Il passe avec sa chair à la plénitude de liberté dans l'acte même où il renonçait à sa propre liberté pour que la liberté soit rendue aux foules.

La condition du serviteur vécue en Jésus de Nazareth comporte ici une énigme. Cette énigme est dans la mystérieuse coïncidence de sa propre liberté avec la liberté de *tout humain* et du *tout humain*. La dialectique du maître et de l'esclave vole en éclats. On sort du cercle infernal où les humains pensent ne pouvoir s'affirmer qu'en niant d'autres êtres humains, ne pouvoir être libres qu'en réduisant d'autres humains à l'esclavage, ne pouvoir vivre qu'en empêchant d'autres humains d'être pleinement vivants...

Or le texte évangélique où se formule cette énigme est précédé d'une affirmation qui pourrait bien en être la clé.

« Si le Père m'aime, dit Jésus, c'est que je me dessaisis de ma vie pour la reprendre » (Jn 10, 17). A travers cette affirmation, Jésus laisse entendre que son pouvoir de se dessaisir de sa vie est incompréhensible en dehors de sa relation de Fils au Père. C'est une question d'amour entre eux. Ce que le Père aime, dans le Fils, ce n'est pas le simple fait de se dessaisir de sa vie. C'est le fait de s'en dessaisir et de la reprendre !

On ne peut se borner à voir dans ce texte l'affirmation que le Père aime le Fils comme on aime « un bon garçon dévoué, serviable, généreux... ». Pour comprendre ce que veut dire un tel texte, il faut aller au cœur des relations entre le Père et le Fils.

Nous chercherons à le faire en scrutant le moment de l'existence de Jésus de Nazareth où « se dessaisir de sa vie et la reprendre » n'ont fait qu'un pour lui : l'événement de la croix.

L'événement de la croix clé de l'énigme du ministère

Les évangélistes, quand ils racontent les derniers instants de la vie terrestre de Jésus de Nazareth, utilisent chacun une formule différente. « Poussant un grand cri, il rendit *(apheken)* l'esprit » (Mt 27, 50) ; « Jetant un grand cri, il expira *(exepneusen)* » (Mc 15, 37) ; « Jésus dit, en un grand cri : Père entre tes mains je remets *(paratithémai)* mon esprit. Et, ce disant, il expira » (Lc 23, 46) ; « Quand Jésus eut pris le vinaigre, il dit : Tout est achevé, baissa la tête et remit *(paredoken)* son esprit » (Jn 19, 30).

Tous ces énoncés, soit à travers le mot « esprit » *(pneuma)*, soit à travers le verbe « expirer » (*exepneusen* dans Marc), mettent l'accent sur la « perte du souffle ».

Dans la mentalité sémitique, le souffle est l'équivalent de la vie, c'est-à-dire de l'existence. C'est par son souffle que Dieu donne existence aux vivants.

Parmi les textes des quatre évangélistes, le texte de Jean comporte une nuance propre : Jésus n'émet pas son souffle, comme en Matthieu ; il ne le dépose pas, comme en Luc ; il n'expire pas, comme en Marc et Luc... Pour l'évangéliste Jean, Jésus a remis son esprit *(paredoken)*.

Le choix du verbe *remettre* utilisé par Jean n'est certainement pas fortuit. C'est un verbe qui implique d'abord l'idée de DON *(-edoken)*. Or ce verbe est celui que Jean utilise couramment lorsqu'il veut faire état des relations entre le Père et le Fils (Jn 3, 35 ; 5, 25 et 27 ; etc.) surtout lorsqu'il s'agit de l'Esprit (Jn 3, 36). Mais ce verbe comporte surtout, en raison de son préfixe, la nuance d'une *livraison* totale, sans réserve. C'est le verbe employé pour désigner l'acte de trahir quand il s'agit de Judas (Jn 13, 21) et du peuple juif (Jn 19, 11). Mais c'est aussi le verbe employé par saint Paul pour désigner l'acte dans lequel le Père livre son Fils pour le Salut du monde (Rm 8, 32).

Cet emploi d'un verbe qui exprime la livraison sans réserve, donne à réfléchir sur ce qui se passe lorsque Jésus-Christ « livre son souffle ». Le souffle que Jésus-Christ *livre* en mourant n'est pas seulement le souffle de la respiration qui anime tout être vivant. Il s'agit du SOUFFLE (l'Esprit) dont Dieu vit. Le Fils remet au Père cet Esprit dans lequel il s'est lui-même reçu du Père.

Ainsi perçu, l'événement de la croix est d'abord un événement intratrinitaire. C'est au niveau intratrinitaire que cet événement est vécu par l'homme Jésus de Nazareth. Dans les échanges de vie du mystère trinitaire, le Fils, dans l'Esprit, se restitue en permanence au Père de qui il s'est reçu pour exister ; et, restitué au Père, il se reçoit à nouveau de lui. C'est en ce sens qu'il dit au sujet de lui-même qu' « il donne sa vie pour la reprendre ». « Père, entre tes mains je remets mon esprit » est l'énoncé le plus personnel que le Fils peut formuler en s'adressant au Père. Par cet énoncé, le Fils, se restituant au Père, peut continuer à se recevoir de lui. Dans les échanges vitaux du mystère trinitaire, le Fils ne cesse de se dire ainsi (1).

Dans l'événement de la croix, cet énoncé intratrinitaire devient l'énoncé douloureusement vrai de ce que vit l'être humain né de la femme nommée Marie. Cet être humain expérimente à fond et ratifie librement ce qu'il lui en coûte de perdre le souffle dont il vit. En langage de chair, il dit « Oui ! ». Pour l'homme Jésus de Nazareth, l'instant où le souffle décroche de sa poitrine est aussi l'instant où la chair (la matière !) achève d'apprendre à vivre sur le rythme des rapports que le Fils, de toute éternité, entretient avec le Père, dans l'Esprit. Aussi cette chair peut-elle se recevoir à nouveau (à neuf) du Père. Dans

(1) La même idée d'un dessaisissement total de soi est exprimée dans les Ecritures à travers l'image de l'Agneau égorgé (Ap 5, 6 et 12). L'égorgement ne fait pas allusion au meurtre de la victime. Il insiste sur le fait que la victime a *donné* tout le sang qui était en elle. Dans la mentalité sémitique, le sang, comme le souffle, représente la vie.

l'instant même où elle achève d'apprendre ce que c'est que de remettre son esprit, elle entre par la résurrection dans la plénitude de la vie dans l'Esprit.

La croix, perçue en tant qu'événement, devient le point culminant de l'aventure humaine.

Pour s'être laissé conduire par l'Esprit, un être humain y dit en termes de chair comment les choses se passent chez le Père (*cf.* Jn 10, 18 b).

L'écrasement de la croix est la médiation qui rend possible pour la chair, c'est-à-dire pour la matière, l'accès à la plénitude de liberté qu'est la vie. Là, toutes les énergies qui étaient en Jésus-Christ de par son être d'homme se sont conjuguées avec les énergies qui étaient lui de par son être de Fils pour consommer l'avènement de l'homme vivant voulu par Dieu.

Dans l'événement de la croix, la chair périssable achève d'explorer et d'ouvrir les voies de l'existence que l'homme est appelé à mener : une existence où l'homme « domine » à la manière dont « dominent ensemble » le Père, le Fils et l'Esprit.

La croix n'est donc pas à estimer comme lieu de souffrance. Ce serait absurde. Elle est à estimer comme « passage » obligé du POUVOIR de vie entre les deux pôles que sont le Père et le Fils. La croix est le « lieu de l'Esprit ». C'est comme « lieu de l'Esprit » que l'événement de la croix ouvre à l'intelligence du ministère de Jésus-Christ.

VIE TRINITAIRE ET CONTENU DERNIER DU MINISTÈRE DE JÉSUS-CHRIST

L'événement de la croix, comme événement intratrinitaire qui en fait le « lieu de l'Esprit », révèle l'inspiration profonde des pratiques libératrices dans lesquelles Jésus-Christ exerce son ministère. Cette inspiration profonde est à chercher dans la manière dont le pouvoir est vécu dans le mystère du Dieu vivant. En Dieu le pouvoir du Père est mis en œuvre par le Père dans le fait de se remettre pour qu'advienne le Fils. Et la mise en œuvre de ce même pouvoir par le Fils atteste que le Fils est libre de la liberté du Père. Mais pour le Fils ainsi advenu, toute la liberté est mise dans la démarche qui consiste à remettre lui aussi tout le pouvoir qu'il détient. Le Père et le Fils « dominent » l'un et l'autre ; et du désir qu'ils ont chacun de la liberté de l'autre procède leur Esprit qui « domine » lui aussi.

Dans cet Esprit, le Père, librement se dessaisit de tout pouvoir entre les mains du Fils pour que le Fils existe ; et le Fils, librement, dans le même Esprit, se dessaisit de tout pouvoir pour se restituer au Père.

C'est ce même type de rapports que Jésus-Christ met en œuvre dans sa relation aux hommes, par la condition de Serviteur où se réalise son ministère.

Librement, dans l'Esprit, Jésus-Christ se dessaisit de tout pouvoir entre les mains de ses frères les hommes (*cf.* Lc 22, 29). Le désir qu'il a de la liberté de l'homme et de tout homme fait de lui un homme libre dans les comportements mêmes où l'on ne voit en lui qu'un esclave (Ph 2, 7 ; Jn 13, 16). Il agit ainsi dans le monde des hommes parce qu'il sait que « les choses se passent ainsi dans le monde de Dieu », « chez son Père ».

L'inspiration profonde des pratiques libératrices de Jésus-Christ est donc à chercher dans le mystère de Dieu. Le point d'application concret de ces pratiques rejoint d'autant plus profondément ce qui est en jeu dans le mystère de l'homme. On le voit particulièrement à la manière dont le combat de Jésus pour l'homme (son agonie !) a été mené. Il n'a pas inventé le « scénario de la croix » comme « manifestation des rapports intratrinitaires ». Mais la mise en croix a « manifesté » les *rapports intratrinitaires* parce que Jésus-Christ y a vécu dans leur vérité les *rapports interhumains* tels que son existence humaine les lui donnait à vivre. Sa mort en croix est un fait banal. Il s'en passe des milliers de semblables de par le monde. Mais l'événement de la croix est l'événement de l'histoire où la condition de l'homme, vécue en sa pleine vérité, rejoint exactement la manière dont les choses se passent dans la vérité de la condition de Dieu. L'homme image et ressemblance de Dieu advient sur la croix comme homme qui *domine*.

L'iconographie orientale a su exprimer admirablement cette

vérité. Elle ne représente pas le crucifié comme « homme de douleurs » mais en majesté, une couronne royale sur la tête. Le crucifié *domine* parce qu'il a vaincu dans le combat pour que l'homme advienne comme image et ressemblance de Dieu. En mettant toute sa liberté à vouloir la liberté des autres hommes, il est passé à la liberté dont Dieu est libre. De lui peut se dire en toute vérité : « Voilà l'HOMME !... » (*cf.* Jn 19, 5).

Pour avoir vécu son destin d'homme à la manière dont les choses se passent en Dieu, Jésus de Nazareth est *passé* à la gloire de Dieu par la résurrection. Et il y fait *passer* tous ceux qui consentent à ce que les choses se *passent* de la même manière pour eux. La Pâque est ce *passage* à la liberté du Dieu trinitaire. Le ministère est la condition de ce *passage*. Partout où le ministère est ainsi vécu, l'avènement de l'homme voulu par Dieu s'effectue. Le monde des hommes est introduit dans la manière dont se *passe* l'exercice du pouvoir dans l'univers de Dieu. Entré en sa plénitude d'homme parce qu'il s'est remis au pouvoir d'autres hommes que son pouvoir de Fils faisait exister, Jésus-Christ ouvre le chemin par où tous les hommes doivent *passer* pour advenir en leur plénitude d'hommes eux aussi : se remettre au pouvoir des autres hommes quand bien même il s'agirait d'hommes que leur propre pouvoir (de pères, de professeurs, de maîtres...) aurait fait exister. Ceux qui suivent Jésus-Christ en son ministère seront tous ensemble l'homme qui a émergé, qui existe, qui domine pour avoir avec Jésus-Christ consenti à la démarche par laquelle les humains se font émerger les uns les autres comme sujets. De tous ces humains et du tout humain formé par eux sera alors vraie la parole : « Voilà l'HOMME !... »

***

Le ministère de Jésus-Christ avec ses pratiques libératrices reste une énigme inexplicable si on en cherche l'inspiration à un niveau purement moral ou psychologique dans le seul cadre d'une analyse de société faisant de Jésus-Christ un révolutionnaire libérateur de peuples. L'inspiration des pratiques libératrices de Jésus-Christ est à chercher au cœur même de la révélation de la VIE qu'est le Dieu-Trinité. Le ministère de Jésus-Christ fait advenir un homme libre de la liberté de Dieu, cette liberté qui, en chacune des personnes divines, est désir de la liberté des deux autres.

Aller au cœur de cette révélation exigeait qu'on se tourne vers l'événement de la croix comme *lieu de l'Esprit*. Le ministère de Jésus-Christ y est perçu en son originalité irréductible comme une activité de l'homme dans laquelle l'homme est en jeu. C'est donc à la signification anthropologique du ministère qu'il faut donner maintenant toute notre attention.

VERS LA SIGNIFICATION ANTHROPOLOGIQUE DU MINISTERE DE JESUS-CHRIST

Perçue comme l'événement où la chair, en l'homme Jésus-Christ, achève d'entrer dans le jeu de pouvoir qu'est la vie trinitaire, la croix permet de donner au ministère de Jésus-Christ sa pleine signification par rapport au devenir de l'homme.

La vérité de l'incarnation

La question sans cesse renaissante au sujet de Jésus-Christ est la question de savoir s'il était *Dieu et homme* comme l'Eglise l'enseigne.

Ne parlons pas des gens qui reconnaissent en Jésus-Christ un « homme exceptionnel » mais esquissent un sourire de scepticisme devant l'affirmation qu'il était Dieu. Pour eux, aucun problème ne se pose. Mais, à leur insu, ils passent à côté du problème de l'homme.

Parlons seulement des gens qui se disent croyants. Beaucoup d'entre eux attachent tellement d'importance à reconnaître

Jésus-Christ comme Dieu qu'ils en viennent à ne plus le considérer comme véritablement homme.

Ce problème n'est pas d'aujourd'hui. Il a secoué l'Eglise du IVe au VIIe siècle. Monophysisme, monothélisme, monoénergisme sont les termes barbares pour nous sous lesquels ont été désignées diverses solutions qui, toutes, aboutissaient à rendre l'homme inexistant en Jésus-Christ.

Les batailles que ces termes rappellent peuvent aujourd'hui nous sembler bien lointaines. En réalité, l'enjeu de ces batailles n'a rien perdu de son actualité. Les combats que l'Eglise a soutenus pendant trois siècles au sujet de Jésus-Christ étaient des combats où l'Eglise refusait que l'homme soit nié (2).

A partir du moment où l'on consent à reconnaître en Jésus-Christ le vrai fils de Dieu, que devient, en Jésus-Christ, l'homme né de la juive nommée Marie ? Sous l'emprise de Dieu, cet homme n'est-il pas réduit à une apparence d'homme, un simple exécutant du vouloir divin, un homme pratiquement inexistant ?

Cette inexistence de l'homme a été formulée en termes de nature avec le monophysisme : la nature humaine est tellement peu de chose à côté de la nature divine qu'à la limite on en vient à dire qu'il y avait seulement en Jésus-Christ une apparence d'homme. Répudiée par le Concile de Chalcédoine, cette théorie a refait surface avec le monoénergisme et le monothélisme. On admettait bien dans le Christ une vraie nature humaine avec la nature divine ; mais on précisait que la volonté humaine, en lui, était tellement fondue dans la volonté divine, qu'elle était en fait inexistante en tant que source de décision et d'action proprement humaine. L'application de cette théorie faisait de l'homme Jésus de Nazareth un être humain totalement passif ; l'emprise sur lui de l'unique volonté divine réduisait à néant en lui l'exercice d'un vouloir vraiment humain.

Mais comment un être humain purement passif aurait-il pu avoir, en tant qu'homme, des comportements libérateurs pour l'homme ? Ce pseudo-être humain aurait-il pu provoquer les

(2) On trouvera un excellent résumé de cette période de la vie de l'Eglise et de ses enjeux pour l'homme dans Cl. TRESMONTANT, *Introduction à la théologie chrétienne*, p. 159 à 320 (Seuil). *Monothélisme* vient de *mono* (unique) et *thelema* (volonté) : qu'on se souvienne l'abbaye de Thélème dont rêvait Rabelais.

autres êtres humains à devenir pleinement hommes ? Une apparence d'homme aurait-elle pu contribuer à faire que des hommes se donnent pour visée de devenir des hommes en réalité ? Un robot mené par une volonté extérieure à lui-même aurait-il pu donner aux hommes le goût de se réaliser comme hommes dans la mise en œuvre de leur propre volonté ?

L'être de chair qui est mort sur la croix n'a pu achever d'apprendre dans la chair ce qu'il en coûte de se remettre que si l'acte par lequel il s'est remis a été un acte venant du profond de lui-même, en tant qu'être de chair agissant en la plénitude de son autonomie de chair. Si l'homme Jésus de Nazareth n'avait pas été, comme être de chair, source à lui-même de ses propres décisions au sujet de lui-même, le passage de cet homme à la Gloire de Dieu dans la résurrection n'aurait été qu'un tour de passe-passe, un escamotage du problème à vivre par l'homme pour advenir comme homme. Il fallait que le problème du pouvoir qui est en l'homme et en chaque homme de disposer pleinement de lui-même soit vécu en Jésus-Christ. Quand cet homme « remet son souffle » au Père, sa démarche n'est pas un faux-semblant. Sa démarche n'est surtout pas la capitulation du résigné qui s'abandonne à son destin en le subissant. La démarche où Jésus-Christ remet son souffle au Père est la démarche de l'homme qui épouse pleinement le mouvement des énergies de la vie de Dieu en conjuguant avec elles les énergies de sa propre vie d'homme. Cette *synergie* où une vie d'homme s'est mise au rythme même de la vie de Dieu a été de la part de l'homme né de Marie le sommet de la maîtrise de lui-même en tant qu'homme.

Les combats que l'Eglise a menés dans les siècles passés pour affirmer que le Christ était véritablement homme n'étaient pas des combats théoriques. Etait en jeu le sérieux de la condition de serviteur vécue en Jésus-Christ. Si le Christ n'avait été qu'un semblant d'homme, il n'aurait pas vécu le problème du pouvoir qui est en l'homme et en tout homme. Mais si le Christ a été véritablement homme, on ne peut le suivre qu'en vivant comme lui le problème du pouvoir. Et cela suppose au minimum qu'on croie à la vérité du pouvoir qu'il y a en l'homme et en chaque homme.

La vérité du pouvoir en l'homme

Il n'est pas rare aujourd'hui qu'on entende des gens énoncer leur profession de foi en disant qu'ils croient en l'homme. Mais bien souvent cette profession de foi est aussi vide de sens que celle de bien des gens dont la profession de foi consiste à dire qu'ils croient en Dieu.

Croire, c'est reconnaître le pouvoir de celui en qui on croit. C'est reconnaître ce pouvoir en vérité, c'est-à-dire dans le jeu des interactions que le déploiement de ce pouvoir entraînera.

Vivre ce problème n'est pas facile.

Cela suppose qu'on reconnaît, chez celui en qui on croit, un foyer d'énergies qui peuvent entrer en action (énergies de puissance) ; mais cela suppose surtout qu'on reconnaît chez lui l'existence d'une énergie particulière par laquelle il lui appartient de mettre en action les énergies de puissance qui sont en lui (énergie de décision). Les eaux d'un barrage sont un formidable réservoir d'énergie de puissance ; le geste qui précipite ces eaux dans les turbines par simple pression d'un bouton représente un pouvoir plus formidable encore en tant que décision. Une bombe atomique représente une somme d'énergies de puissance quasi incalculable ; le fait de s'interdire de faire exploser cette bombe suppose une énergie de décision qui est d'un tout autre ordre. Croire en quelqu'un, c'est reconnaître en lui non seulement les énergies de puissance qui s'y trouvent en réserve, mais surtout la capacité et le droit de décider à quelles mises en œuvre ces énergies s'appliqueront.

L'expérience montre que ceux qui disent croire en l'homme y croient rarement jusque-là. Ils savent reconnaître chez les hommes l'existence d'énergies de puissance : un formidable réservoir ! Mais ils vont rarement jusqu'à reconnaître à tout homme la capacité et le droit de mettre en œuvre ces énergies par un acte qui soit l'acte de son propre vouloir.

En rejetant toutes les interprétations ou explications qui réduisaient ou minimisaient la réalité de la nature et de la volonté humaine en Jésus-Christ, l'Eglise défendait l'existence en l'homme de l'énergie de commande : le pouvoir de décision. Elle plaçait le ministère de Jésus-Christ non dans le fait que Jésus-Christ aurait déployé d'immenses ressources d'énergie au bénéfice de l'homme, mais dans le fait que c'est bien à partir de son vouloir d'homme que Jésus-Christ a *œuvré* conjuguant ses énergies d'homme avec les énergies de Dieu pour faire qu'advienne l'homme voulu par Dieu.

L'entrée de Jésus-Christ dans la plénitude de la vie par la résurrection ne récompense en lui ni la néantisation de sa volonté d'homme ni la répression de ses énergies d'homme : elle est le résultat de l'adhésion libre de sa volonté d'homme à la volonté de Dieu. Par cette adhésion libre, ses énergies d'homme étaient mises en parfaite synergie avec les énergies de Dieu.

Parler du ministère de Jésus-Christ n'est donc pas sans rapport avec le fait de croire en l'homme. On peut dire que dans le mystère chrétien, l'homme advient tout autant parce que Dieu croit en l'homme que parce que l'homme croit en Dieu. Dieu à travers l'homme Jésus de Nazareth, reconnaît le pouvoir qui est en l'homme et en tout homme.

Reconnaître le pouvoir qui est en l'homme et en tout homme, au sens où le montre le ministère de Jésus-Christ, permet de saisir à la fois la nouveauté et l'irréductibilité de ce ministère. Cette irréductibilité apparaît très bien par exemple dans la comparaison avec l'Islam.

Le Coran somme en quelque sorte l'être humain de faire abnégation de l'énergie de commande qui est en lui. Déployer un vouloir proprement humain équivaut à se soustraire au souverain domaine de Celui qui seul détient tout pouvoir. Qu'on s'abandonne à Lui ! Que s'accomplisse ce que sa main divine a écrit !...

Mais le même constat peut se faire en comparant le ministère du Christ à bien des instances humaines qui proposent aux hommes de les sauver : Etats, Partis, Chefs élus ou imposés... « Laissez-vous diriger ! » disent ces instances. Permettez à quelques-uns d'établir pour vous les stratégies de la réussite. Laissez-leur concentrer vos énergies et celles des autres sur les points qu'ils auront retenus comme décisifs. Votez de temps en temps si vous y tenez encore. Mais que ce soit en des conditions telles que votre vouloir ne vienne pas interférer avec les « grandes décisions » auxquelles, petits humains, vous ne sauriez participer...

Un tel langage, qu'il soit tenu au nom d'une religion ou de quelque instance humaine, nie la vérité du pouvoir en l'homme. Seules sont maintenues les apparences de ce pouvoir. Malgré ce maintien des apparences, on nie l'homme dans les hommes comme était nié l'homme par ceux pour qui Jésus-Christ n'était qu'un exécutant des volontés de Dieu.

Le ministère de Jésus-Christ cesse d'être vécu là où l'on tient un langage qui nie l'homme ; et ce langage doit cesser d'être tenu si on veut que le ministère de Jésus-Christ soit véritablement vécu.

Vérité de la prise en mains de son propre destin par l'homme

Le ministère de Jésus-Christ initie à un rapport entre Dieu et l'homme où Dieu croit tellement en l'homme que tout homme en vienne à croire aux autres hommes de la même foi dont il croit en Dieu.

Vivre le ministère de Jésus-Christ, c'est réapprendre à croire aux autres hommes et à l'ensemble des hommes en vivant avec eux la vérité d'un devenir humain où l'homme soit responsable de son destin.

Le ministère de Jésus-Christ signifie aux croyants deux exigences également impératives. Ils ont à être des hommes parmi les hommes, très particulièrement dans le fait de déployer de véritables énergies d'homme ; ils ont aussi à élaborer leurs décisions d'hommes en visant le plus possible à faire que leur vouloir adhère au vouloir de Dieu. Ces deux exigences sont à vivre ensemble : comme ont été vécues ensemble dans la personne de Jésus-Christ le fait qu'il était homme et le fait qu'il était Dieu.

Etre des hommes parmi les hommes, dans le déploiement d'un véritable vouloir d'hommes exige des croyants qu'ils récusent tout discours les invitant soit à s'en remettre soit à se substituer au vouloir d'autrui. Jésus-Christ ne s'est remis au pouvoir de personne : ni sa mère ni quelque instance humaine que ce fût ; et pas davantage il n'a imposé son propre vouloir à autrui : « Si tu veux ! » dit-il à ceux qui viennent à lui.

Il n'est rien de plus pervers, par rapport à des êtres humains, que de leur donner l'illusion de vouloir alors qu'on a voulu à leur place. Dieu lui-même ne saurait se permettre d'agir ainsi. Il se contredirait lui-même. Se le représenter agissant ainsi, c'est adorer un *Dieu pervers* qui pervertit (3).

Ce que Dieu ne saurait se permettre par rapport à l'homme, des hommes pourtant le font couramment par rapport à d'autres hommes. Qu'on le fasse « au nom de Dieu » ne change rien à la perversité de cette pratique. Qu'on le fasse « au nom de la Science » ne vaut pas mieux. Il est toujours pervers d'amener des hommes à s'en remettre au vouloir d'autrui ou de les persuader qu'ils ont le droit de vouloir pour d'autres. Ainsi du discours égalitaire du marxisme ; il justifie la mise en place d'une minorité qui se prend pour la conscience éclairée du reste des hommes et veut à leur place et pour eux ce qui fera leur bonheur. Mais ainsi tout autant du discours inégalitaire de la « nouvelle droite » : ce discours justifie la mise en place d'élites qui feront le bonheur des masses en leur dictant la « bonne voie ». Fondés sur la « science » ces deux discours invitent l'homme à se démettre de son vrai vouloir d'homme parce que l'usage qu'on y fait de la science consiste à faire d'elle un « dieu pervers ».

Le Dieu Vivant, qui veut faire advenir l'homme comme vivant, à sa propre image et ressemblance, désire pour cela que se déploie en l'homme un véritable vouloir d'homme. Dieu cherche à obtenir de l'homme qu'il mette les énergies qui sont en son être d'homme en synergie avec les énergies que lui-

---

(3) Je renvoie mon lecteur au livre de M. Bellet dont cette expression LE DIEU PERVERS est le titre. On ne saurait mieux dénoncer l'illusion néfaste à laquelle l'homme s'abandonne quand il croit plaire à Dieu en renonçant à sa propre responsabilité.

même déploie pour faire advenir l'homme. Cette synergie ne peut s'effectuer sans le vouloir de l'homme. Elle est à réaliser aussi bien dans un laboratoire de chimie que dans une faculté de théologie, dans une réunion syndicale ou patronale que dans un conseil pastoral, dans une instance économique ou politique de niveau international que dans un synode ou un concile. Là où cette synergie s'instaure, l'homme, en toute vérité, prend en main son propre destin. Conjuguant les énergies qui sont en lui avec les énergies qui se déploient dans le monde par la puissance du Dieu Créateur de toutes choses, cet homme, quelles que soient les activités où il s'investit, entre de quelque manière dans la voie du ministère de Jésus-Christ.

Déployer un vrai vouloir d'homme dans une adhésion vraie au vouloir de Dieu n'est pas facile aux êtres humains que nous sommes. Selon l'idéologie qui nous habite et d'après les analyses que cette idéologie nous inspire, il peut arriver que les uns voient le vouloir de Dieu là où d'autres soupçonnent des mobiles intéressés. Quand ils parlent de Jésus-Christ comme *serviteur*, les évangélistes reprennent à son sujet les affirmations d'Isaïe : « Voici mon serviteur, j'ai mis sur lui mon Esprit » (Is 42, 1). L'adhésion au vouloir de Dieu qui fait d'un homme le *serviteur* n'est pas au pouvoir de l'homme : elle est en cet homme le résultat d'une action de l'Esprit. C'est l'Esprit qui rend possible la parfaite synergie entre les énergies qui sont de l'homme et les énergies qui se déploient dans le monde à partir de Dieu. Ce don de l'Esprit n'a pas pour résultat de faire que les énergies déployées cesseraient d'être de vraies énergies d'homme ; il a seulement pour résultat de faire que ces énergies sont purifiées de tout ce qui, en elles, n'est pas authentiquement humain.

Les énergies de l'homme ne se déploient en leur authenticité humaine que dans la mesure où l'homme se veut tel que Dieu l'a voulu en disant « Faisons l'homme à notre image et ressemblance et qu'ils dominent !... » C'est un tel vouloir que l'action de l'Esprit de Dieu rend possible de la part de l'homme. L'homme alors peut entrer en adhésion véritable au vouloir de Dieu. Ainsi s'établit la synergie par laquelle advient l'homme. Tout ce que l'homme peut faire pour que s'établisse cette synergie, c'est de le désirer ou, tout au moins, de formuler devant Dieu en sa prière le désir de le désirer...

En effet, par rapport à cette entrée en synergie, l'homme est démuni et incertain. Il est même d'autant plus démuni qu'il prétend davantage disposer de certitudes. Car il est alors exposé à se tenir lui-même enfermé dans sa manière de se représenter le monde. L'adhésion au vrai vouloir de Dieu est plus instinctivement sûre chez les simples et les petits. Les sages et les prudents doivent savoir qu'ils ont intérêt à regarder de ce côté-là s'ils ne veulent pas se leurrer (*cf.* Lc 10, 21-24). Mépriser ce qui se passe chez les petits, c'est méconnaître en eux le pouvoir qui s'y trouve comme en tous les autres hommes. C'est aussi se priver de voir comment, chez eux, le pouvoir qui est en l'homme entre en synergie avec les énergies qui sont en Dieu. On se rend plus difficile à soi-même l'entrée dans le ministère de Jésus-Christ car on perd le sens d'un devenir humain où tous, par la mise en œuvre du pouvoir qui est en eux, sont nécessaires à l'avènement de l'homme voulu par Dieu (4).

***

Ces réflexions sur les arrière-plans théologiques et anthropologiques du problème des ministères permettent maintenant d'en préciser le point focal.

L'homme n'advient que par un ministère qui serait impensable de la part d'hommes chez qui ne se déploierait pas un

---

(4) Le lecteur trouvera une illustration concrète des considérations développées dans ce chapitre en lisant *Aurélie, journal d'une O.S.* (Les Editions ouvrières). Il y verra une action menée sous l'impulsion parfois violente de l'Esprit (p. 31-34), avec la souffrance d'être lâchée parfois par ceux-là même pour qui on combat (p. 51-54), dans la conscience que Dieu se rend témoignage à lui-même à travers les luttes menées (p. 66) et une vie de prière où s'exprime le désir d'entrer en parfaite synergie (p. 92). Tout est à lire. Bien sûr Aurélie se serait récriée si on lui avait dit qu'elle remplissait un ministère. Le mot l'aurait peut-être fait protester. Mais mieux vaut récuser le mot et vivre la réalité que de ne pas vivre la réalité en se prévalant du mot comme d'une étiquette. Ajouterais-je que Dieu m'a fait la grâce de rencontrer des Aurélies en tous lieux et milieux !

véritable vouloir d'homme ; mais ce ministère serait tout autant impensable de la part d'hommes dont le vouloir n'entrerait pas en synergie avec le vouloir de Dieu.

Jésus-Christ exerce le ministère en vivant cette synergie jusqu'en sa limite extrême qu'est l'événement de la croix. Sa condition de serviteur ne consiste pas en des dispositions de type moral ou psychologique, pas plus celles de gentillesse et de serviabilité que celles de violence et de combativité. Elle consiste en ce que l'homme Jésus-Christ, en tant qu'homme, vit l'exercice de son pouvoir d'homme à la manière dont l'exercice du pouvoir est vécu en Dieu. Par là, Jésus-Christ fait advenir entre les hommes des relations telles que *tout humain* puisse dominer pour sa part dans un *tout humain* qui domine également. Il en advient pour l'homme comme il en est pour Dieu en qui chacune des trois personnes divines domine dans un unique Dieu qui domine comme Dieu. Œuvrer pour qu'il en soit entre les hommes comme il en est en Dieu fait émerger du sein du monde l'homme dont tout homme porte au tréfonds de lui-même le *reflet plaintif*, inquiétude de l'Esprit suscitant le désir.

Par le ministère de Jésus-Christ, l'homme apprend ce qu'est l'exercice de son pouvoir d'homme se laissant conduire par l'Esprit. Non seulement il ne démissionne pas de sa nature d'homme, mais il devient plus pleinement homme. Car le ministère est *mise en œuvre* par l'homme de ce en quoi il est déjà le plus un homme : le fait de se sentir promis à la liberté même de Dieu. Par le ministère, l'homme advient comme homme parce que, dans le ministère, l'homme, sans aucunement cesser d'être homme, se met à imiter Dieu.

CHAPITRE DEUXIEME

IMITER DIEU POUR ADVENIR COMME HOMME

Par le ministère, l'homme imite Dieu.

Imiter Dieu ne consiste évidemment pas à reproduire tels ou tels traits visibles qu'on prêterait au Dieu invisible. On imite Dieu en s'appliquant à vivre entre humains des rapports aussi semblables que possible aux rapports qui se vivent dans le mystère de Dieu.

C'est à cela que l'apôtre Paul invite les Ephésiens en leur disant d'« imiter Dieu comme des enfants bien-aimés » (Ep 5, 1). Il les provoque à cette imitation de Dieu après leur avoir parlé de l'homme qu'il s'agit de devenir, tous ensemble (Ep 4, 12).

Cette invitation ne s'adresse pas à des individus pris isolément. Elle s'adresse à des hommes et à des femmes interpellés par l'apôtre en leurs vies d'hommes et de femmes : dans les rapports qu'ils vivent entre eux et avec le reste des humains.

Essayons de préciser comment le ministère est *mise en œuvre* de rapports interhumains où l'homme devient d'autant plus homme qu'il aura davantage « imité Dieu ».

EN QUETE D'UN LANGAGE SUR L'HOMME

Notre approche du ministère par lequel Jésus-Christ a travaillé pour qu'advienne l'homme nous a renvoyés à la vérité de Dieu et à la vérité de l'homme. C'est à l'image et ressemblance des rapports vécus en Dieu que doivent s'élaborer le monde humain et les êtres humains pour accéder à leur propre achèvement humain.

Les Ecritures, à travers l'expérience vécue par le peuple d'Israël, nous donnent une préfiguration des tâtonnements par lesquels s'effectue cette avancée.

C'est à cette expérience que nous allons nous référer.

Les fonctions messianiques dans l'expérience biblique

Les Ecritures, pour rendre compte de l'expérience vécue par Israël, recourent volontiers aux trois catégories que sont la royauté, le prophétisme et le sacerdoce. Le peuple d'Israël, en tant que peuple de Dieu, est un peuple à la fois royal, prophétique et sacerdotal.

Peuple royal, Israël assure par lui-même la décision au sujet de lui-même comme peuple libéré d'Egypte par Dieu ; peuple prophétique, Israël énonce dans son existence de peuple la parole que Dieu dit au-dedans de son histoire ; peuple sacerdotal, Israël jouit et rend grâce dans le partage des biens que Dieu lui a donnés en réponse à son désir.

Mais il faut bien reconnaître que dans son expérience concrète Israël fait souvent le constat de la précarité de ces trois titres.

Loin de ratifier son titre de peuple royal, l'expérience historique concrète d'Israël dément ce titre du fait que le peuple y subit l'assujettissement à ses propres princes et l'oppression par des voisins plus puissants...

Loin de ratifier son titre de peuple prophétique, l'expérience historique concrète d'Israël dément ce titre du fait que la parole y subit l'emprisonnement par le formalisme qu'imposent les commentateurs de la Loi...

Loin de ratifier son titre de peuple sacerdotal, l'expérience historique concrète d'Israël dément ce titre du fait de l'accaparement du sol, des biens et du trésor du Temple par des minorités qui l'exploitent...

Cependant, ce triple constat négatif n'amène pas Israël à renoncer à ces trois titres. Croyant fermement à la promesse faite par Dieu, Israël attend que vienne le jour où royauté, prophétisme et sacerdoce trouveront en lui leur pleine réalisation. Cette pleine réalisation, Israël l'entrevoit comme fruit d'une intervention de Dieu. Au long des siècles, cette intervention est de plus en plus attendue sous les traits d'un Envoyé (Messie) en qui royauté, prophétisme et sacerdoce se cumuleront. Par le triple titre royal, prophétique et sacerdotal, ce Messie sera pour Israël l'image accomplie de ce qu'Israël aspire à devenir. En lui s'attestera que le terme est atteint et que les promesses de Dieu sont enfin accomplies (1).

Parler des fonctions messianiques est facilement interprété aujourd'hui comme une concession quasi folklorique au langage de la Bible.

Cette interprétation méconnaît la profondeur anthropologique des trois fonctions que l'expérience d'Israël avait systématisées.

Derrière la fonction royale, c'est du POUVOIR qu'il est question. On est en présence de tout le champ du POLITIQUE. Exercer la fonction royale, pour un peuple comme pour tout individu, c'est refuser toute oppression.

Derrière la fonction prophétique, c'est du SAVOIR qu'il s'agit. On est en présence de tout le champ du CULTUREL. Exercer la

---

(1) Les écrits de Qumran ont permis de percevoir que cette attente du Messie prenait des orientations différentes selon les diverses tendances du judaïsme. Les membres de la Secte attendaient l'accomplissement des temps messianiques en trois personnages différents, l'un *prophète,* l'autre (messie d'Aaron) *sacerdotal,* le troisième (messie d'Israël) *royal.* Dans le contexte idéologique de la Secte, le personnage sacerdotal se devait d'avoir la priorité sur les deux autres (*cf. La Secte de Qumran et les origines du christianisme,* Paris, DDB, 1959, p. 49 et 121 à 134).

fonction prophétique, pour un groupe humain comme pour un individu, c'est avoir surmonté toute aliénation.

Derrière la fonction sacerdotale, c'est l'AVOIR qui est en jeu. On est en présence de tout le champ de l'ÉCONOMIE. Exercer la fonction sacerdotale, c'est pour l'homme rejeter toute forme d'exploitation.

Le langage biblique en termes de fonctions messianiques exprime la conscience qu'avaient les fils d'Israël de vivre un destin les conduisant vers la pleine réalisation d'eux-mêmes comme individus et comme peuple sur les trois axes du POUVOIR, du SAVOIR et de l'AVOIR. Cette formulation en termes de fonctions messianiques était bien supérieure à ce que signifie pour nous l'alignement des trois mots POUVOIR-SAVOIR-AVOIR ou des trois adjectifs POLITIQUE-CULTUREL-ÉCONOMIQUE. Cette formulation en effet exprimait et soutenait l'attente vivante de tout un peuple et de chacun des membres de ce peuple.

Les trois fonctions messianiques comme horizon vrai de l'homme

Le langage des hommes d'aujourd'hui a chosifié le contenu des trois termes POUVOIR, SAVOIR et AVOIR. De verbes qu'ils étaient, ces trois termes sont devenus de simples mots, traités comme réalités extérieures à l'homme ! Le POUVOIR, le SAVOIR et l'AVOIR sont devenus des objets que les humains se disputent entre eux : talismans ou fétiches !

Quand elles parlent du POUVOIR, du SAVOIR et de l'AVOIR en termes de fonctions messianiques, les Ecritures donnent à ces réalités visage humain. Elles en font le triple visage d'un même et unique être humain : l'horizon à rejoindre par l'homme et par tout homme. Les *temps messianiques* sont cet horizon enfin rejoint.

Le langage biblique en termes de fonctions messianiques permet de parler de l'homme à faire advenir, en exigeant simultanément au sujet de cet homme l'accès aux trois champs du POUVOIR, du SAVOIR et de l'AVOIR. C'est un tel homme que les Evangiles présentent en la personne de Jésus de Nazareth en le saluant du titre de Messie par la bouche de Pierre (Mt 16, 16 ; *cf.* Ac 2, 36).

Investi des trois fonctions royale, prophétique et sacerdotale par-delà sa fidélité à vivre sa condition de Serviteur, Jésus de Nazareth est la vivante preuve que Dieu peut investir simultanément de ces trois fonctions tout homme et l'ensemble des hommes.

L'expérience biblique avec son attente d'un « fils de l'homme » investi des trois fonctions messianiques, nous invite donc à œuvrer pour qu'advienne un temps où ce que les fonctions messianiques signifient soit vrai simultanément de TOUT HUMAIN et du TOUT HUMAIN.

Cela implique de la part des croyants qu'ils se mettent au service de l'avènement d'un monde où l'homme (l'ensemble des humains et chaque humain dans cet ensemble !) participe simultanément des trois fonctions ; c'est-à-dire :

— soit pour lui-même la source de ses propres décisions (royauté),

— donne de lui-même une authentique expression (prophétisme),

— partage avec les autres dans une totale communion (sacerdoce).

Décider au sujet de tout ce en quoi on est soi-même concerné ; exprimer le plus vrai de soi-même en toute parole que l'on dit ; partager non seulement les choses mais soi-même dans la relation avec autrui ; tel est l'horizon que les Ecritures proposent à l'homme, individu ou groupe, lorsqu'elles parlent de l'homme en termes de fonctions messianiques.

Le propre de l'énoncé biblique est de tenir ensemble trois axes différents comme constitutifs d'une même et unique visée. C'est la condition pour que soit procuré le terme poursuivi : l'homme à faire advenir. Qu'il s'agisse du TOUT HUMAIN ou qu'il s'agisse de TOUT HUMAIN, l'homme véritable ne peut se concevoir que porteur des trois aspects vers lesquels tendent les trois axes à tenir ensemble. Il n'y a pas homme véritable là où l'homme (individu ou groupe),

— ne décide pas au sujet de lui-même en pleine liberté,

— ne se dit pas selon ce qu'il est lui-même en son identité,
— n'est pas admis à partager tout bien dans un échange en réciprocité.

L'homme à faire advenir, si on l'entrevoit en termes de fonctions messianiques, doit présenter simultanément un visage de liberté, d'identité et de réciprocité ; aucun de ces trois traits ne peut y manquer ; rien ne doit marquer ce visage de ce qu'évoquent les mots sinistres d'oppression, d'aliénation ou d'exploitation.

Or, le triple visage ainsi suggéré par la référence aux trois fonctions messianiques renvoie trait pour trait au triple visage de Dieu que la révélation trinitaire suggère à travers la personne de Jésus, le serviteur.

Théomorphisme trinitaire de l'homme

Ce qui nous est dit de Dieu à travers la personne de Jésus de Nazareth, nous conduit d'abord à reconnaître en Dieu un mystère de relations.

C'est très particulièrement dans l'événement de la croix que le contenu de ce mystère de relations nous est dévoilé. A partir de leur expérience de Jésus mort sur la croix et ressuscité, les premiers croyants se sont précisé à eux-mêmes les traits de ce mystère. Ils l'ont fait en recourant aux mots que leur langage humain et le langage de leurs ancêtres leur fournissaient. Dieu a été pour eux le visage de liberté qu'est le Père en qui est toute puissance de vie, la plénitude du POUVOIR ; ils ont aussi perçu ce visage de Dieu comme le visage de l'identité entre les profondeurs en besoin de se dire et ce qui en est dit, une Parole qui est plénitude du SAVOIR ; enfin ils ont aussi pressenti le visage de Dieu comme un visage de réciprocité, dans un Esprit qui est tout bien ou, si l'on préfère, tout AVOIR.

Ces formulations, les premiers croyants les ont petit à petit précisées en méditant ce qu'ils se transmettaient des propos tenus par Jésus lui-même au sujet de sa propre vie profonde. Ils se sont précisé à eux-mêmes qui est le Dieu-Père en se remémorant Jésus dans ses propos sur un POUVOIR qui se remet (Mt 28, 18) ; ils se sont précisé à eux-mêmes qui est le Dieu-Verbe en se rappelant les propos de Jésus leur communiquant tout ce que lui-même avait appris de son Père comme SAVOIR (Jn 15, 15) ; ils ont entrevu qui est le Dieu-Esprit en expérimentant ce que c'est que de mettre en commun tout AVOIR comme font le Fils et le Père quand ils se disent l'un à l'autre « Tout ce qui est à moi est à toi » (Jn 7, 10 ; *cf.* 16, 14-15).

Dans cette découverte progressive, les premiers croyants ont parlé de Dieu en utilisant des mots humains. Ils ont balbutié sur l'expérience vécue dans l'événement de la croix au moyen de mots humains qui n'étaient pas seulement des mots humains puisque quelque chose de la vie de Dieu se disait à travers eux. Ainsi est devenu possible un rapprochement entre la visée humaine énoncée en termes de fonctions messianiques et ce que les témoins de l'événement de la croix avaient perçu du mystère de Dieu en Jésus-Christ. Une similitude de rapports existe entre ce vers quoi l'homme est en marche et ce que Dieu révèle de sa vie trinitaire en la personne du serviteur ressuscité. Cette analogie peut se résumer en une formule : le théomorphisme de l'existence humaine.

Le mot théomorphisme est formé de deux éléments dont le premier (théo-) signifie Dieu et le second (morphisme) évoque l'idée de forme. On peut rapprocher ce mot d'un certain nombre d'autres mots plus familiers : isomorphisme, polymorphisme, anthropomorphisme... Dans tous ces mots, il y a l'idée d'une ressemblance, une similitude de forme. Parler de théomorphisme trinitaire au sujet de l'existence humaine, c'est souligner le fait que l'existence humaine, dans le déploiement qui lui est propre, vise à l'instauration de rapports à l'image des rapports qui se vivent en Dieu-Trinité. Advenir, pour l'homme, c'est progresser de plus en plus dans l'instauration de ce type de rapports où le POUVOIR se remet, le SAVOIR se communique et l'AVOIR s'échange sans qu'aucun des trois termes s'enferme jamais dans la suffisance ou se permette jamais de s'imposer comme supérieur à quelqu'un des deux autres.

*
* *

L'homme veut advenir !...

Dans la triple requête de liberté, d'identité et de réciprocité, dans la triple lutte contre toute oppression, toute aliénation et toute exploitation, c'est le théomorphisme trinitaire qui soulève le monde des hommes. Sous la poussée de ce théomorphisme trinitaire dans lequel il a été conçu, voulu et créé, le monde des hommes tend vers ce dont rêvait l'Israël biblique lorsque cet Israël se voulait simultanément royal, prophétique et sacerdotal comme peuple et en chacun des membres de ce peuple.

Parler de ministère, c'est alors parler d'une « praxis » dont l'effet soit de rendre possible l'avènement de l'homme trinitaire.

EN QUETE D'UNE PRAXIS QUI FASSE ADVENIR L'HOMME

La prédication de l'Evangile est « annonce d'une bonne nouvelle ».

Cette « bonne nouvelle » était attendue en Israël ; c'est pourquoi elle a pris tout naturellement comme énoncé la formule transmise par Marc : « Les temps sont accomplis !... » (Mc 1, 15).

Dire que les temps sont accomplis, c'est affirmer que le *sixième jour* dont parle la Genèse touche à sa fin. L'œuvre que Dieu s'est proposé d'accomplir en disant « Faisons l'homme !... » est donc sur le point d'advenir.

La « bonne nouvelle de Jésus-Christ », c'est donc l'annonce du proche avènement de l'homme trinitaire. Par l'événement de la croix, Jésus de Nazareth triomphera de la mort, ultime opposant à la vocation de l'homme : dominer sur tous les éléments du monde. Sa résurrection fait de lui l'homme advenu, gage pour tous les hommes qu'ils adviendront comme homme eux aussi.

Prendre en considération Jésus-Christ en tant que Jésus-Christ est l'homme déjà advenu peut aider à comprendre en quoi et comment œuvrer pour contribuer à faire advenir l'homme trinitaire.

JÉSUS-CHRIST, HOMME TRINITAIRE DÉJA ADVENU

Il est évident que lorsque les évangélistes reprennent la formule « Les temps sont accomplis !... » leurs contemporains n'ont aucunement dans la tête l'idée d'un homme enfin advenu. Pour Israël, l'accomplissement des temps était pensé selon les catégories empruntées au contenu des promesses faites par Dieu. Il s'agissait pour Israël d'être reconnu comme Peuple né d'Abraham (Race), de vivre comme Corps l'engagement de l'Alliance (Loi), d'habiter comme Temple le sol reçu avec Josué (Terre). La Terre, la Loi, la Race étaient les trois axes indissociables de l'accomplissement des temps.

Or, c'est comme vraie Terre, vraie Loi et vraie Race que Jésus-Christ se présente à Israël quand il annonce à Israël que « les temps sont accomplis ».

●

Vraie TERRE, Jésus-Christ est la réalisation des promesses de Dieu assurant les ancêtres qu'il leur donnerait un sol pour y habiter (*cf.* Gn 12, 7).

Mais avec Jésus-Christ, ces promesses trouvent une réalisation bien plus humaine que celle dont fait état le livre de Josué quand est racontée la conquête du pays de Chanaan (Jo 21, 45 et *sq.*). Par la construction du Temple de Salomon, cette terre de Chanaan était devenue le « lieu de la Gloire » (1 R 8, 12). Or Jésus-Christ est lui-même, en son être-homme, le resplendissement de cette Gloire (*cf.* Hé 1, 3 ; Jn 2, 19).

Au sol géographique, Jésus-Christ substitue donc le sol vrai qu'est l'homme en tant qu'homme, Adam, c'est-à-dire sol, poussière, matière (*cf.* Gn 2, 7). A l'édifice « fait de main d'homme » par Salomon, Jésus substitue son être d'homme fait par l'Esprit avec la matière prise au ventre de la femme nommée Marie (Lc 1, 5).

Vrai sanctuaire de Dieu, investie de sa plénitude, la matière en Jésus-Christ ressuscité est devenue libre de la liberté même de Dieu (Cl 1, 19). Se recevant du Père, vraie *terre originelle* de tout être, Jésus-Christ devient lui-même le vrai sol, le fondement dernier, l'assise sans faille, l'édifice indéfectible, la structuration dernière. En lui est advenu ce dont Israël rêvait en pensant à la terre. Ce quelque chose dont Israël rêvait obscurément, c'est l'homme en tant que l'homme, à l'image du Dieu Père, est un homme libre : l'homme exerçant en plénitude la fonction messianique de royauté !

•

Vraie RACE, Jésus-Christ est la réalisation des promesses de Dieu assurant Abraham qu'il aurait une descendance (Gn 11, 2 ; *cf.* Ga 3, 16).

Mais en Jésus-Christ, ces promesses trouvent une réalisation bien plus humaine qu'au simple niveau de l'héritage génétique. Car la vraie race d'Abraham est celle qui naît de la foi d'Abraham en la Parole de Dieu (Rm 5, 20). Or Jésus-Christ est lui-même cette Parole venue au monde dans la chair par la foi d'une femme qui a cru, comme Abraham avait cru (Ga 4, 21-24 ; Lc 1, 45).

A l'identité que donne le patrimoine génétique, Jésus-Christ substitue cette identité que vaut à l'homme le fait de laisser se dire ce qui se dit de plus profond en lui (Dt 30, 14).

Après avoir dit : « Les paroles que je dis, c'est comme mon Père m'a dit de les dire que je les dis » (Jn 12, 50), Jésus-Christ peut encore affirmer : « Je suis ce que je dis » (Jn 8, 24). L'information qu'il donne au sujet de lui-même correspond en toute exactitude à la vérité de lui-même.

Jaillissement toujours neuf de la Parole qui se dit en Dieu, Jésus-Christ est la vraie Race dont tout homme doit naître pour jaillir en sa plénitude d'homme. Il réalise en sa personne ce que préfigurait pour Israël sa condition de « peuple en marche » disponible au mouvement sans répit, au renouvellement constant, à la nouveauté continue (2).

L'homme se disant en son identité propre, à l'image de Dieu en tant que Dieu est Parole (VERBE), voilà qui est Jésus-Christ : il est l'homme exerçant en plénitude la fonction messianique de prophétie.

●

Vraie LOI, Jésus-Christ est la réalisation des promesses de vie que Dieu fait à son peuple par Moïse au pied du Sinaï et par les prophètes dans les dialogues de l'Alliance (Ex 19, 3 ; Is 62, 4 et 5).

Pour Israël, la vie était dans la fidélité à la Loi, charte de cette Alliance. Les Evangiles présentent Jésus non seulement comme le nouveau Moïse qui donne sur la montagne une nouvelle Loi (Mc 3, 13 ; Mt 5, 1), mais comme étant lui-même la Loi qui donne vie. Aux textes écrits et à leurs commentaires, Jésus-Christ substitue l'homme qu'il est lui-même.

Aux rapports entre les hommes et les textes écrits, Jésus-Christ substitue l'échange qui va se vivre entre lui-même comme corps et les autres hommes en tant qu'ils sont « corps » eux aussi. Se partageant à eux dans sa chair, il se nourrit d'eux car ceux qui le mangent deviennent son corps, par l'Esprit (Jn 6, 53-57). Partage inépuisable de la vie divine dont il vit, Jésus-Christ est le vrai Corps dont rêvait Israël en se représentant son Alliance avec Dieu en des images d'épousailles : par lui s'instaure, dans les rapports entre hommes et dans le rapport entre les hommes et Dieu, une réciprocité à l'image de Dieu en tant que Dieu est Esprit. Par lui se multiplient les énergies

---

(2) L'image du peuple est devenue depuis Vatican II l'image la plus employée pour parler de l'Eglise. Mais l'emploi de cette image est souvent faussé par l'oubli qu'il s'agit du *peuple en marche*. On interprète en termes de régime politique une image qui doit être lue en termes d'origine. Le « peuple en marche », c'est l'Homme persévérant dans une même identité originelle reçue de Dieu tout en vivant la nouveauté des renouvellements permanents exigés par son avancée dans l'espace et surtout dans le temps (histoire).

indispensables à la croissance : il est l'homme exerçant en plénitude la fonction messianique du sacerdoce.

•

Vraie Terre, vraie Race et vrai Corps, Jésus-Christ est l'homme trinitaire. En sa personne, parce qu'il est investi des fonctions messianiques, s'atteste en vérité que l'homme à venir est déjà advenu : les temps sont accomplis !

L'homme trinitaire a faire advenir

Pour reconnaître en Jésus-Christ l'accomplissement des temps, ses contemporains ont dû « se convertir ». « Les temps sont accomplis... Convertissez-vous !... ». Tel est le texte où s'exprime cette exigence dans l'Evangile de Marc (Mc 1, 15). Pour les contemporains du Christ, se convertir consistait à s'arracher aux représentations antérieures (Terre, Race et Loi) de l'accomplissement des temps afin de pouvoir accueillir Celui qui se présentait à eux comme manifestation de la vie du Père, du Fils et de l'Esprit que ces représentations préfiguraient seulement. Œuvrer à l'avènement de l'homme trinitaire aujourd'hui demande une conversion semblable.

Il faut s'arracher aux représentations qu'on se fait chacun de l'homme selon les diverses imprégnations culturelles ou idéologiques afin d'accueillir ce qui, dans la vie des hommes, surtout au plan collectif, est manifestation de l'homme trinitaire *en travail* pour advenir.

N'œuvrent pas à l'avènement de l'homme tous ceux qui disent qu'ils mènent un combat pour l'homme. Il n'y a pas combat pour l'homme lorsqu'on lutte pour l'avènement d'un homme à l'image de la représentation qu'on s'en fait. Le ministère est un combat pour l'homme parce qu'il exige qu'on se soit arraché à toute représentation de l'homme pour s'attacher à laisser advenir l'homme trinitaire voulu par Dieu.

Comme Jésus-Christ vraie TERRE, l'homme trinitaire doit être à l'image du Dieu Père par l'exercice d'une véritable liberté. Comme Jésus-Christ vraie RACE, l'homme trinitaire doit être à l'image du Dieu Verbe en se réalisant lui-même selon sa plus véritable identité. Comme Jésus-Christ vraie LOI, l'homme trinitaire doit être à l'image du Dieu Esprit en entrant dans un échange permanent en réciprocité.

Advenir comme homme trinitaire n'est pas devenir un homme portant pour un tiers la ressemblance au Père, pour un tiers la ressemblance au Fils et pour un tiers la ressemblance à l'Esprit. C'est advenir comme homme en qui se réalisent et se vivent des relations à l'image des relations qui font du Dieu Vivant un Dieu à la fois Père, Verbe, et Esprit. Imiter Dieu pour advenir comme homme c'est tendre à instaurer dans cet univers qu'est l'homme des traits à l'image et ressemblance du triple visage de liberté, d'identité et de réciprocité que préfigurèrent la TERRE, la RACE et la LOI dans l'expérience qui conduit Israël à Jésus-Christ.

Il n'y a donc pas avancée vers l'homme trinitaire dans les groupes où des êtres humains sont empêchés de décider à partir d'eux-mêmes en des points qui les concernent ; il n'y a pas avancée vers l'homme trinitaire lorsque des êtres humains n'ont pas la possibilité de se dire eux-mêmes en accord avec leur être le plus profond ; il n'y a pas avancée vers l'homme trinitaire quand des humains ne peuvent pas entrer en relations avec d'autres êtres humains dans le partage en réciprocité de ce qu'ils ont et surtout de ce qu'ils sont. S'organiser pour décider, parler pour s'exprimer, échanger pour communier sont trois composantes indissociables sans lesquelles ne peut advenir l'homme trinitaire. Ces trois composantes, écho des fonctions messianiques de l'accomplissement des temps, correspondent aux trois pôles du politique, du culturel et de l'économique, du POUVOIR, du SAVOIR et de l'AVOIR. Aucun de ces trois pôles ne peut rester méconnu ou sous-estimé. L'avancée vers l'avènement de l'homme trinitaire en est entravée.

Œuvrer pour qu'advienne l'homme trinitaire ne consiste donc pas à appliquer des principes découverts en scrutant les nuages. C'est prendre au sérieux les dynamismes qui soulèvent le monde des hommes sur les trois axes du politique, du culturel et de l'économique. Sans jamais donner exclusivité ni même priorité à l'un de ces axes sur les deux autres il faut établir entre eux des relations telles qu'un dynamisme véritablement humain puisse se déployer sur chacun d'eux.

De ce dynamisme véritablement humain, nul individu et nul groupe humain ne porte en soi seul la totalité. Il est des individus et des groupes où l'on est plus épris d'expression libre que de toute autre chose. Ailleurs, s'est surtout de s'organiser pour assurer une plus véritable autonomie qu'on a souci. En d'autres lieux c'est de chaleur dans le partage qu'on est prioritairement préoccupé (3). Aucun individu ou groupe humain ne peut ni ne doit imposer aux autres sa propre priorité. Pas davantage aucun individu ou groupe humain ne peut se limiter à la priorité qui est la sienne. Mais tous doivent s'apporter les uns aux autres le message de la priorité dont ils ont plus particulièrement le sens. Et tous ont besoin les uns des autres pour tenir ensemble les trois axes sans se laiser déporter par leur propre dynamisme sur un seul des trois.

L'EGLISE, « PRÉMICES » DE L'HOMME TRINITAIRE

Tenir ensemble les trois axes sur lesquels les hommes sont soulevés par le dynamisme qui les habite est une manière moderne de dire ce que disent les Evangiles en présentant Jésus-Christ comme rassemblant en sa personne ce que préfiguraient la TERRE, la RACE et la LOI. Et c'est dans le sens de ce

(3) L'homme septentrional privilégie l'agir, le méridional la parole, l'équatorial l'être-ensemble. Le premier maîtrise l'économie par son agir ; pour lui la parole n'est que mots. Le second subjugue le politique par le discours ; marchander l'intéresse plus que la marchandise. Le troisième donne lieu à la décision par l'être-ensemble : le palabre légitime l'agir. On peut établir des « priorités » caractérisant l'Asiatique, l'Euro-américain, l'Africain et l'Amérindien, mais aussi l'enfant, l'adulte, le vieillard. Tous sont des hommes. Aucun n'est l'HOMME. Il les faut tous pour que soit l'HOMME.

« tenir ensemble » que le ministère de Jésus-Christ s'exerce pour qu'advienne l'homme trinitaire.

« Ce n'est pas vous qui m'avez choisi » dit le Christ aux Douze, « mais c'est moi qui vous ai choisis et je vous ai *placés,* pour que vous *alliez* et que vous *portiez du fruit* » (Jn 15, 16).

Dans la seconde partie de cette phrase, trois verbes se succèdent sur lesquels il vaut la peine de s'arrêter quelques instants.

Le premier de ces trois verbes (placés) est couramment employé dans le langage du bâtiment, quand on parle de la pierre qui sert de fondation à un édifice. Une pierre de fondation, ça ne bouge pas ! Et cependant le second verbe (alliez) indique le mouvement. Une pierre de fondation, ça ne « pousse pas » comme un arbre ! Et cependant le troisième verbe (porter du fruit) exprime la croissance et la fécondité. Le rapprochement des verbes devrait donner une phrase incohérente.

C'est précisément à partir de l'incohérence de la phrase que ce texte de l'Evangile prend tout son sens humain.

Immobilité, mouvement et croissance y suggèrent le fonctionnement d'une structure à trois pôles : un pôle de permanence, un pôle de nouveauté et un pôle de développement. Ces trois pôles définissent un ensemble de rapports vivants. Les hommes que Jésus-Christ a rassemblés à sa suite sont une structure vivante où se déploient ensemble la fonction royale (Institution), la fonction prophétique (Expression) et la fonction sacerdotale (Communion).

Le texte de saint Jean dit aux Douze qu'ils ont à exister comme homme trinitaire. Ce texte donne assurance que par le ministère du Christ, quelque chose de cet homme trinitaire est déjà là, en eux, réalisé.

L'Eglise est ce groupe d'humains que l'intervention du Christ a fait exister comme groupe, au sein du monde humain, avec les traits déjà ébauchés du triple visage du Dieu Vivant. Permanence, mouvement et fécondité, organisation, expression et communion, ordre, spontanéité et harmonie lui sont en quelque sorte accordés simultanément dans un don gratuit. L'Eglise est « prémices » de l'homme trinitaire parce qu'en elle émerge du sein du monde humain, le triple visage d'une humanité Peuple du Père (RACE), Corps du Fils (LOI) et Temple de l'Esprit (TERRE) (4).

Par ce triple visage, l'Eglise dit aux hommes l'horizon de leurs efforts d'hommes pour s'organiser, s'exprimer et échanger, c'est-à-dire de leurs efforts dans les trois axes du Politique, du Culturel et de l'Economique. Dans ce triple visage, l'Eglise réassume toute la montée du créé vers l'avènement de l'homme, depuis le jeu initial entre Energie, Information et Matière, jusqu'aux rapports entre POUVOIR, SAVOIR et AVOIR, pour aboutir à ce que Paul appelle « la manifestation attendue des Fils de Dieu » (Rm 8, 19).

L'homme trinitaire à venir n'est dessiné nulle part.

Et pourtant, mille indices donnent à pressentir son triple visage comme vrai visage de l'homme en gestation au sein du monde. L'appétit de rencontre des cultures, le besoin d'équilibrer les économies et l'aspiration à une volonté politique commune sur la planète deviennent aujourd'hui des urgences. Si l'Eglise présente aux hommes les traits du visage trinitaire, les hommes pourront reconnaître en elle une certaine ébauche de ce que leur effort tâtonnant, jour après jour, cherche à instaurer.

***

Les réflexions qu'on vient de faire prolongeaient l'investigation des rapports entre le ministère et l'exercice du pouvoir par l'homme et par tout homme.

De ces deux premières étapes, une conclusion se dégage.

Il est impossible de traiter le problème des ministères dans son vrai contenu si on fait du ministère une affaire purement interne à l'Eglise. Pourvoir aux ministères n'est pas simplement pourvoir au bon fonctionnement de l'Eglise. C'est pourvoir à

---

(4) C'est pourquoi il est impossible de parler correctement de l'Eglise si l'on use d'expressions qui la réduisent à un seul de ces trois pôles de sa structure. L'Eglise est Peuple de Dieu (le Père !), mais elle est aussi Corps du Christ et Temple de l'Esprit. L'Eglise est « Communion de communions » (Boquem). Mais elle est aussi « Expression d'expressions » et « Organisation d'organisations ».

ce que, dans l'aujourd'hui du monde, puisse venir au monde l'homme voulu par Dieu.

Pourvoir aux ministères devient alors instaurer une « praxis » qui permette à l'homme d'advenir comme homme trinitaire. La première condition pour se faire les ministres et serviteurs de cet homme trinitaire en désir d'advenir n'est pas d'avoir un projet sur l'homme ou sur les hommes ; c'est d'être disponibles pour entendre ce que le monde des hommes dit à son propre sujet. La variété des cultures, la complexité du politique et l'interrogation sur les économies sont un discours à trois voix que le monde des hommes tient comme homme trinitaire en désir d'advenir.

L'accueil de Jésus-Christ, homme advenu en la plénitude des trois fonctions messianiques, n'a été possible qu'au prix d'une démarche de conversion de la part de ses contemporains. De même une démarche de conversion est nécessaire pour que soit accueilli l'homme en train de venir au monde comme homme trinitaire. Cette conversion demande qu'on ne laisse rien perdre de ce en quoi l'homme en désir d'advenir se dit. Cet homme se dit en termes de POUVOIR, de SAVOIR et d'AVOIR... Mais au gré des démarches et tâtonnements où il se cherche, cet homme se dit aussi en termes de Nature, d'Histoire et de Désir ou encore, d'Ordre, de Spontanéité et d'Echanges, ou bien de Rythme, de Mélodie et d'Harmonie, de Lignes de Mouvement et de Masse, d'Organisation, d'Expression et de Communion, d'ÊTRE, de TEMPS et d'ESPACE...

L'homme en désir d'advenir se dit toujours en des discours à trois voix. Ces discours à trois voix sont à écouter en donnant toujours autant de prix à chacune des trois voix qui s'y donnent à entendre. Si on écoute ces discours en ayant déjà une idée toute faite sur l'homme, on ne donnera de prix qu'à l'une des trois voix. Par exemple on laissera tomber l'appel de la Nature et le murmure du Désir pour n'écouter que les cris de l'Histoire... Mais ce n'est plus l'homme qu'on entendra se dire dans une écoute de ce type-là. Seuls entendront l'homme ceux qu'une conversion aura conduits à se déprendre de toute représentation dans laquelle ils auraient enfermé l'homme.

Parmi ces « convertis » ne devrait-on pas trouver au premier rang les hommes que leur baptême, en les régénérant par la confession de foi trinitaire, a mis à genoux devant l'homme à venir comme devant un mystère où l'homme imite Dieu ?

Problème de l'homme à faire advenir, le problème des ministères n'est pas une affaire interne à l'Eglise. Et pourtant, toute cette réflexion sur l'homme trinitaire aboutit à faire comprendre que ce problème est un problème sans solution hors de l'Eglise.

A partir de cette conclusion, il est donc normal de parler maintenant du ministère de l'Eglise et des ministères dans l'Eglise.

TROISIEME PARTIE

Ministère de l'Église
et
ministères dans l'Église

CHAPITRE PREMIER

LE MINISTERE CONTRIBUTION DE TOUS SELON LE DON FAIT A CHACUN

Parler du ministère de l'Eglise et des ministères dans l'Eglise ne va pas être cesser de parler de l'homme.

La référence au ministère de Jésus-Christ reste première.

Pour Jésus-Christ, tout être humain a son rôle à jouer dans la mise en œuvre du pouvoir par lequel l'homme advient. La Parole de Dieu « Qu'ils dominent !... » serait une Parole sans contenu si on admettait que parmi les hommes certains ont du pouvoir et d'autres pas en ce qui regarde l'avènement de l'homme. Tous ont du pouvoir, des énergies à déployer. Et tous ont à répondre de l'avènement de l'homme chacun pour sa part.

Cette référence à Jésus-Christ impose à l'Eglise le trait caractéristique de son ministère comme Eglise. Ce ministère ne saurait s'exercer en détournant des hommes du chemin à suivre pour advenir eux-mêmes comme hommes.

LA MISE EN ŒUVRE DU POUVOIR QUI EST EN CHACUN ET QUI EST DANS LE TOUT

L'Eglise prolonge le ministère de Jésus-Christ si la mise en œuvre du pouvoir qui est en elle se déploie effectivement au bénéfice de tout humain et de l'ensemble du monde humain. Cela suppose au minimum que dans la mise en œuvre du pouvoir qui est en elle, l'Eglise n'entrave pas la mise en œuvre du pouvoir qui est en tout humain et en tout groupe humain. Et cela suppose également que dans l'Eglise elle-même tous (individus et groupes) peuvent mettre en œuvre le pouvoir qui est en eux !

Ce premier énoncé fait entrevoir des distinctions sur lesquelles il faudra prendre le temps de s'arrêter.

L'œuvre du ministère

Quand on parle de l'« œuvre du ministère », la plupart des gens pensent à l'ensemble des tâches que le ministère comporte (1). L'habitude de penser le ministère dans une problématique de « choses à faire » oriente spontanément la pensée dans ce sens.

La formule « œuvre du ministère » appartient à saint Paul. Elle vient au chapitre quatre de l'épître aux Ephésiens. Le texte grec comporte plusieurs possibilités de traduction. On peut en effet comprendre la formule en faisant porter l'accent soit sur le mot « œuvre » *(ergon)*, soit sur le mot « ministère » *(diaconias)*. Les diverses nuances possibles sont assez bien regroupées dans une traduction du genre : « L'œuvre dont il faut se faire les serviteurs » ou encore « L'œuvre dont on est les serviteurs ». Ce genre de traduction a l'avantage d'être en cohérence avec l'ensemble de l'expérience biblique, dont saint Paul était particulièrement averti, et avec l'ensemble de l'expérience évangélique dont saint Paul était particulièrement partie prenante.

L'expérience biblique montre Israël qui fait l'« œuvre du ministère » en se mettant au service du dessein de Dieu. Pour

(1) Même le lectionnaire destiné aux célébrations liturgiques traduit l'expression « œuvre du ministère » en termes de tâches. Le souci d'être compris prévaut sur le souci de ce que le texte veut dire !

que le « Salut de Dieu atteigne aux extrémités de la terre », Israël endure la condition de serviteur. Il se met au service d'un dessein qui le dépasse.

L'expérience évangélique a aussi consisté, pour ceux qui l'ont vécue, à se mettre au service d'un dessein qui n'était pas d'eux (*cf.* Ac 13, 2). Les textes du Nouveau Testament expriment ce dessein en parlant d'une Eglise qui est « Peuple du Père », « Corps du Fils » et « Temple de l'Esprit ».

Le jeu de ces trois expressions traditionnelles aide à percevoir combien « l'œuvre du ministère » dépasse les énoncés qu'on pourrait en formuler en pure logique.

L'image du *peuple*, symbole de renouvellement dans la marche est attribuée au Père qui est permanence structurante. L'image du Corps, symbole de croissance dans la continuité est attribuée au Fils qui est jaillissement toujours neuf. L'image du Temple, symbole de solidité quasi immuable est attribuée à l'Esprit qui est orientation imprévisible.

Faire l'« œuvre du ministère », c'est se faire le serviteur de cette œuvre dont le dessein nous échappe : l'avènement d'un homme en qui se retrouveront simultanément les différents traits suggérés par les trois images du Peuple en marche, du Corps en Croissance et du Temple indéfectible. Il faut que ces traits ainsi suggérés soient vrais du TOUT HUMAIN en même temps que de TOUT HUMAIN.

Dans le mystère du Dieu Vivant, le Pouvoir qu'est le Père se remet au Fils dans l'Esprit. Le Savoir qu'est le Fils se communique à l'Esprit dans le Père. L'Avoir qu'est l'Esprit s'échange entre le Père et le Fils. Le mystère de Vie nous est suggéré en des images qui le rendent impossible à saisir comme projet. On est réduit à le percevoir comme un ensemble de relations toujours en mouvement.

L'œuvre du ministère ne s'accomplit que lorsqu'on lutte pour qu'un tel ensemble de relations s'instaure entre les hommes.

Il arrive par exemple que Pouvoir, Savoir et Avoir soient uniquement des fétiches ou talismans qu'on se dispute entre humains ou groupes humains. Dans ces disputes, il n'y a pas « œuvre du ministère ». On y fait s'entre-tuer des hommes, pour des idoles auxquelles l'HOMME est immolé : pouvoir absolu des despotismes, savoir absolu des idéologies, avoir absolu des valeurs économiques.

Pour que s'accomplisse l'« œuvre du ministère », il est indispensable que le regard porté sur la vie des hommes dépasse les apparences et discerne quels types de rapports s'y instaurent. Par ce regard, ceux qui confessent la foi trinitaire seront conduits à lutter sur le même front que ceux des hommes les plus véritablement animés par le sens de l'homme. Ils y seront conduits par le dynamisme trinitaire jaillissant en eux avec l'Esprit du fait de leur baptême. Baptisés, ils sont, au sein du monde des hommes, ce dynamisme de l'Esprit en action. Ils remplissent dans la pâte humaine un rôle de ferment. Par eux cette pâte humaine doit monter et l'homme trinitaire advenir. Mais cela ne leur viendra ni de quelque supériorité intellectuelle ou morale, ni de quelque droit à s'imposer aux autres hommes. Cela leur viendra de ce qu'ils se seront faits les serviteurs d'une œuvre qui les dépasse. Ils conviendront d'ailleurs que s'être faits les serviteurs de cette œuvre a été en eux le fait d'un DON agissant à travers eux sans être d'eux : « C'était plus fort que moi ! » disent souvent des militants en parlant d'une action qu'ils ont menée alors qu'ils auraient eu tout intérêt à se tenir bien tranquilles...

Quand on rencontre des hommes ou des femmes en qui cette expérience a été vécue, et qui ont trouvé les mots pour en dire le contenu, on est frappé par le détachement avec lequel ils parlent de ce qui, pourtant, mobilise toutes leurs énergies.

Jamais ces hommes ou femmes ne donnent l'impression de détenir un monopole, une exclusivité. Jamais on ne les voit revendiquer de délivrer seuls des autorisations de participer au combat qu'ils mènent pour l'homme. Même s'ils ne savent pas que leur combat est l'« œuvre du ministère », ils vivent spontanément ce que cette formule signifie. Ils ne s'érigent jamais en propriétaires ni en maîtres de l'homme pour lequel ils luttent. Ils s'en font les serviteurs. Et la première manière de s'en faire les serviteurs est pour eux d'admettre que d'autres hommes puissent y apporter leur contribution propre selon les moyens qui sont les leurs.

SELON LE DON QUI EST EN CHACUN

Faire l'œuvre du ministère c'est s'investir dans le combat pour l'homme à faire advenir, avec les énergies dont on est porteur chacun pour sa part.

Tout être humain, individu ou groupe, du fait qu'il est un être humain, est porteur d'énergies.

Ces énergies, c'est le pouvoir qui vient à chacun à partir des dons qu'il a reçus, soit en entrant dans l'existence, soit en vivant cette existence : un pouvoir à la mesure des dons reçus et de l'effort pour les mettre en valeur.

Dans cette mesure, le premier trait à repérer n'est pas d'ordre quantitatif. Il n'est pas question de dire que les uns ont reçu plus de pouvoir que d'autres. Le premier trait à repérer est d'ordre qualitatif. Cela veut dire que le pouvoir reçu par l'un ne vise pas aux mêmes effets que le pouvoir reçu par tel autre.

Le biologiste et l'électronicien découvrent quasi simultanément de nos jours que l'inscription d'information sur la matière diversifie les énergies. C'est la même découverte que faisait l'apôtre Paul en observant les premières communautés chrétiennes. Cette observation l'a conduit à dresser des listes de DONS : don de parler, don de guérir, don de discerner, d'interpréter, de présider, d'organiser, etc. (*Cf.* 1 Co 12, 4-11).

Ces listes ne mettent pas en présence de « pouvoirs » plus ou moins grands. Elles mettent en présence de pouvoirs différents. Si l'on préfère, on est en présence de pouvoirs dont chacun vise à des effets particuliers (Ep 4, 7 et 11).

Si ces pouvoirs sont différents, ils ne sont cependant pas sans cohérence.

Conférés aux êtres humains par un DON qui vient du seul et unique Dieu, ces pouvoirs ont une origine unique. Distribués aux êtres humains (individus ou groupes) par l'unique Esprit de Dieu, ces pouvoirs ont tous leur place dans l'harmonie de l'ensemble.

A leur origine unique, le Père, correspond une destination

unique : l'homme que le Père a entrepris de faire advenir en disant : « Faisons l'homme !... »

Les dons différents doivent donc être tenus pour autant de « sources d'énergie » à mettre à contribution selon une structure unitaire dans laquelle et selon laquelle ils ont été donnés à ceux et celles qui les ont reçus. Nul n'a reçu de don pour en faire ce qu'il entend. Mais la « source d'énergie » qui est en chacun à partir du don reçu doit déployer ses énergies dans l'ensemble où chacun s'inscrit, en un moment du temps et en un certain espace. Hors de cette « inscription » dans un ensemble, le déploiement de ces énergies n'est que gaspillage et perte inutile.

C'est pour souligner cette exigence de l'inscription dans un ensemble que l'apôtre Paul utilise à plusieurs reprises la comparaison du corps (1 Co 12, 12-27 ; Rm 12, 4-5). Il veut faire entendre que la distribution de pouvoirs différents en chacun des êtres humains (ou groupes humains !) loin de devoir être perçue comme un facteur d'opposition entre eux, les rappelle tous à l'existence d'un dessein qui les dépasse tous parce qu'il est préexistant à chacun d'eux. Ce dessein, c'est l'homme à venir dont tous sont membres parce qu'ils appartiennent tous à cet homme à venir comme les membres appartiennent au corps.

Que l'on soit baptisé ou qu'on ne le soit pas, la première exigence à satisfaire pour qu'on puisse parler de ministère prolongeant le ministère de Jésus-Christ est de prendre en considération ces énergies qui sont en chaque être humain sous la forme de dons divers. Jésus-Christ a reconnu l'élan maternel chez la Chananéenne (Mc 7, 29) ; il a rendu hommage au sens de son métier chez le centurion romain (Lc 7, 7-9) ; il a demandé à ceux qui venaient à lui de s'exprimer sur leurs attentes et leurs besoins (2).

Se déployer en toute liberté, avec les traits de leur identité propre, de telle sorte que s'instaure entre eux une vraie réciprocité, telle est la mise en œuvre qui s'opère là où des humains

(2) C'est la démarche de la JOC. On y fait l'œuvre du ministère en donnant à des jeunes travailleurs l'occasion de s'exprimer sur leurs attentes et leurs besoins à travers l'enquête et les moyens d'expression que leur fournit le Mouvement.

travaillent à l'avènement de l'homme comme à une « œuvre dont il faut se faire les serviteurs » : rien des énergies dont les uns et les autres (individus et groupes) sont porteurs n'est alors menacé de se perdre. Alors s'accomplit « l'œuvre du ministère ».

L'un des éléments qui ont fait et font le plus dévier les gens d'Eglise hors de l'œuvre du ministère est probablement la suffisance avec laquelle ils ignorent (et parfois méprisent !) les aptitudes et capacités de certains humains et de groupes humains entiers. On ne laisse pas ces gens mettre en œuvre les énergies qui leur viennent de l'unique Père. On a fait parler le latin à des Esquimaux et demandé aux masses ouvrières du XIXe siècle de dire leur foi chrétienne sur le mode bourgeois. On est en dehors du ministère ! Toutes les énergies, dès lors qu'elles existent, doivent être mises en mesure de se déployer dans le service de l'homme à faire advenir. Toutes ces énergies ont leur raison d'être dans l'axe du ministère parce qu'elles viennent toutes de l'unique Père.

COMPTE TENU DES COLLECTIFS HUMAINS AVEC LEURS POUVOIRS PROPRES

Les énergies qui existent dans les divers êtres humains, selon le don reçu par chacun, ne se déploient jamais dans l'indépendance absolue les unes par rapport aux autres. Elles interfèrent, se contrarient, se conjuguent... Elles donnent des « résultantes » plus ou moins durables selon que leurs rapports jouent dans un cadre plus ou moins structuré.

C'est là un second aspect à prendre en considération dans les propos tenus par l'apôtre Paul quand il parle des dons reçus par chacun des hommes.

Il suffit que des humains, à quelque titre que ce soit, se mettent ou soient mis ensemble pour que se manifestent des réactions qui ne sont plus seulement la somme des réactions des individus ainsi rassemblés.

Depuis le rassemblement des voyageurs dans le métro jusqu'aux organisations politiques en passant par les associations de loisir et les regroupements de clientèle ou d'usagers d'un service, dès que des humains sont ensemble, il se passe autre chose que s'ils étaient seulement isolés chacun dans une capsule étanche. Des réactions se produisent qu'on appellera globalement « réactions de corps ». Ce n'est pas que dans tous ces rassemblements on soit un corps. Paradoxalement, ces rassemblements feront d'autant plus appel à un « esprit de corps » qu'ils sont moins véritablement ce qui mérite d'être appelé un corps (3).

Mais il reste que dans tous ces rassemblements que, faute de mieux, nous appellerons des « collectifs », des interréactions se produisent. Il arrive que dans ces « collectifs », selon leur importance, leur durée, leur rôle occasionnel ou continu, les dons des uns se combinent avec les dons des autres et confèrent à l'ensemble un pouvoir qui n'est pas seulement la somme des pouvoirs détenus par les membres du collectif chacun pour sa part. La masse d'énergie dont dispose le groupe est une résultante complexe, difficile à analyser, par exemple dans un mouvement de foule. Ceux qui ont fait l'expérience de l'action menée par des groupes de pression en savent quelque chose.

Parce qu'il est une résultante fort complexe, dans laquelle jouent des éléments difficiles à maîtriser, ce pouvoir propre aux collectifs humains est à la fois important et redoutable. Une nation, une classe sociale, une confédération syndicale, un groupe d'études et de recherche, une coopérative de producteurs, une association de médecins, etc. jouent dans le devenir des hommes une influence à la fois évidente et difficile à saisir. A la différence de ce qui se passe au niveau des individus, aucune vraie conscience n'assume le jeu subtil des énergies qui se déploient, se contrarient ou se conjuguent dans les réactions d'un collectif humain.

Pourtant, le déploiement des énergies des divers collectifs existant dans le monde des hommes conditionne l'avènement de l'homme de manière bien plus importante que le déploiement des énergies de tel ou tel individu particulier. Il est donc

---

(3) Chacun sait que le corporatisme sévit d'autant plus dans un groupe que les membres de ce groupe ont moins véritablement conscience d'être un corps vivant.

capital que les divers collectifs humains qui viennent à exister veillent à faire que les énergies parfois formidables dont ils sont porteurs s'inscrivent dans le sens de l'homme à faire advenir.

Cette requête n'est pas un discours théorique. On voit les efforts entrepris au plan mondial dans le cadre de l'ONU, avec ses diverses conférences pour les rapports entre nations ou groupes de nations (CNUCED, CNUSTED, UNESCO), ou par rapport à des domaines précis comme le travail (BIT), la santé (OMS), la faim (FAO). On le voit à l'échelle d'un quartier ou d'un HLM avec des syndicats du cadre de vie ou de locataires. Dans ces divers collectifs, on transforme des rapports qui pourraient être conflictuels ou concurrentiels en rapports réfléchis et coordonnés. L'homme est aidé à se faire sur des terrains où il pourrait facilement être défait (au sens de défaite !).

Plus encore que le jeu des énergies propres à des individus dans un groupe, le jeu des énergies de ces collectifs est affecté d'un caractère aléatoire. La difficulté pour saisir ces énergies en leur complexité, les retournements de situation dont elles sont susceptibles vu l'importance des aspects affectifs, sont des raisons supplémentaires pour souhaiter que l'homme en ait la maîtrise.

Pour assurer au mieux la convergence des énergies de tous les collectifs humains au bénéfice de l'homme, il faut plus encore qu'au niveau de chacun des hommes être soucieux de mettre en œuvre les trois critères tirés des fonctions messianiques. Que tout collectif humain, à sa mesure, soit le maître des décisions qui le concernent, soit reconnu dans l'expression qu'il donne de lui-même, soit admis à échanger avec les autres collectifs de même niveau dans la réciprocité.

Le respect simultané de ces trois critères ne pourra être vécu effectivement qu'au prix de bien des tâtonnements. Mais ces tâtonnements contribuent à faire advenir l'homme. Aux yeux des baptisés, ces efforts s'inscrivent dans l'œuvre du ministère même si ce sont des efforts d'hommes et de femmes qui ne sont pas des baptisés.

L'Eglise de Vatican II a reconnu la consistance propre des réalités temporelles.

Dans la logique de cette affirmation, ceux qui sont l'Eglise et les responsables d'Eglise doivent veiller à respecter les pouvoirs propres aux divers collectifs humains. Si ces pouvoirs se déploient dans le respect du triple principe de liberté, d'identité et de réciprocité, le ministère de Jésus-Christ y est vécu. Il n'est pas nécessaire pour cela que les membres de ces collectifs soient tous des baptisés ni même que les baptisés y soient majoritaires. Et ce n'est pas de faire occuper par quelque prélat, cardinal ou délégué apostolique une position-clé en ces collectifs qui y garantit le ministère de Jésus-Christ. Ce ministère est exercé si l'homme advient, au rythme des actions dans lesquelles ces collectifs investissent les énergies en jaillissement au-dedans d'eux-mêmes.

***

L'avènement de l'homme implique la mise en œuvre de toutes les énergies qui sont en TOUT HUMAIN et dans le TOUT HUMAIN reconnu avec la diversité des collectifs de tous ordres qui le composent.

Prolonger le ministère de Jésus-Christ suppose de la part de ceux qui s'en prévalent qu'ils entrent dans cette mise en œuvre, selon ses divers niveaux, sans en négliger ni répudier aucun. A chacun de ces divers plans se déploie un pouvoir qui est un même pouvoir en ce sens qu'il vient de l'unique Père.

Les réflexions faites ici ont montré que ce pouvoir est à reconnaître d'abord en tout être humain, de l'enfant à l'adulte, à partir du don ou des dons qui lui ont été faits et qui sont désormais les siens. A ce titre-là, participer au ministère de Jésus-Christ est possible à tout être humain ; et c'est d'abord à ce titre-là, comme être humain, que la participation au ministère de Jésus-Christ est un droit pour tout baptisé membre de l'Eglise.

Les réflexions faites ici montrent également que le pouvoir venu de l'unique Père doit être reconnu en tout collectif humain, sous la forme des énergies qui y surgissent par la mise ensemble et les mille combinaisons possibles des énergies propres à chacun de leurs membres. A ce titre-là, tout collectif humain est en droit de participer au ministère de Jésus-Christ ; et c'est d'abord à ce titre-là, comme collectif humain, que la participation au ministère de Jésus-Christ est un droit pour tout collectif de baptisés dans l'Eglise.

Ceci étant dit, tout n'est pas dit au sujet des conditions pour que soit prolongé le ministère de Jésus-Christ. Tant au sujet des collectifs qu'au sujet des individus, il a été précisé que devait être respectée la triple exigence de liberté, d'identité et de réciprocité sans laquelle l'homme qu'on fait advenir ne saurait être à l'image et ressemblance du Dieu Vivant.

Cette précision est tellement importante qu'il faut l'approfondir. C'est à partir d'elle que la réflexion sur le ministère rejoint la référence qui lui est la plus indispensable : la référence à l'Esprit.

UNE MISE EN ŒUVRE SOUS LA CONDUITE DE L'ESPRIT

Tout ce qui fait advenir l'homme requiert un déploiement d'énergies de la part des hommes.

Mais tout déploiement d'énergies de la part des hommes (d'un individu ou d'un groupe d'hommes) ne fait pas nécessairement advenir l'homme. La condition pour qu'un déploiement d'énergie fasse progresser l'avènement de l'homme est que ce déploiement d'énergie s'inscrive en synergie avec les énergies que Dieu déploie aussi bien au cœur des choses qu'au cœur des hommes eux-mêmes. Cette synergie s'opère par l'entrée de l'homme en condition de Serviteur. Mais nul n'entre en condition de serviteur que par l'action de l'Esprit.

L'investissement par l'Esprit condition du ministère

La condition de serviteur par laquelle des individus ou des groupes humains œuvrent à l'avènement de l'homme voulu par Dieu ne consiste pas en des comportements de dévouement ou de serviabilité par lesquels certains se montreraient plus dévoués ou plus gentils que d'autres. Il s'agit de la condition du serviteur au sens biblique de ce mot : une attitude où tout le pouvoir (c'est-à-dire les énergies) dont on dispose est mis en œuvre pour que se réalise l'œuvre voulue par Dieu. On se veut ordonné à la réalisation de cette œuvre comme Jésus-Christ s'y est voulu ordonné lui-même.

L'expérience humaine montre que cette entrée dans la condition du serviteur n'est pas spontanée à l'homme. Individus ou groupes, les hommes sont plutôt portés à mettre en œuvre les énergies dont ils disposent pour obtenir la réalisation de fins particulières, égoïstes même...

Le fait d'être des baptisés, d'appartenir à l'Eglise ou d'être en responsabilité d'Eglise ne change rien, par lui-même, à cette situation générale. Il peut même l'aggraver en ce sens que pour justifier des choix personnels et peut-être parfaitement égoïstes on fera appel à la « Gloire de Dieu », à la « Volonté de Dieu »... De tels arguments sont sans réponse. Ceux qui les utilisent ont en outre souvent pour eux d'impressionner le public par l'acharnement qu'ils mettent à poursuivre leurs objectifs. « *Impendar et superimpendar* », disent-ils avec l'apôtre Paul (4). Et l'on en vient à les admirer pour l'esprit d'abnégation avec lequel ils usent leurs énergies.

Mais il pourra fort bien se faire qu'en toutes ces mises en œuvre auréolées des prestiges du service, du dévouement et de l'abnégation, les énergies aient été dépensées en pure perte.

Il suffira à cela qu'on se soit refusé à l'impulsion de l'Esprit.

Les Ecritures disent fort clairement que le peuple d'Israël n'est pas entré spontanément et de lui-même dans la condition

(4) « Je me dépenserai et me surdépenserai » (2 Co 12, 15).

du serviteur ; et pas davantage les prophètes dont certains ont même rechigné devant la mission qui leur était proposée (Ex 4, 10-14 ; Jr 1, 5-6). Seul le don de l'Esprit a rendu possible pour eux l'entrée dans la condition du serviteur (Is 42, 1 ; 61, 1-2). Et c'est à l'action de l'Esprit qu'il est fait référence au sujet de Jésus-Christ lui-même en tant que Jésus-Christ est reconnu comme le serviteur (Mt 12, 15-21 ; Ac 3, 13 et 26).

Le pouvoir qui se déploie dans le monde des hommes à partir des dons reçus par des individus ou des collectifs humains peut se déployer à des fins égoïstes. Un tel déploiement ne peut que faire obstacle à l'avènement de l'homme... Ce déploiement peut aussi se faire en obéissant, consciemment ou non, à l'impulsion de l'Esprit. Ce déploiement est alors participation au ministère de Jésus-Christ.

Qu'il s'agisse de l'activité d'une mère de famille ou d'un ajusteur dans son usine, d'un chef d'entreprise ou d'une dactylo, que les intéressés soient ou non membres de l'Eglise, tous vivent le ministère de Jésus-Christ si c'est par l'Esprit qu'ils se laissent conduire dans ce qu'ils font.

Qu'il s'agisse de n'importe quel collectif humain, formé ou non de baptisés, c'est parce qu'on s'y laisse conduire par l'Esprit de Jésus-Christ que les énergies de ce collectif entrent en synergie avec Dieu et contribuent à faire advenir l'homme. Le plus important n'est pas qu'on le sache mais qu'il en soit ainsi !

En tant qu'elle est un collectif humain parmi d'autres, il y a dans l'Eglise un pouvoir qui lui vient de l'ensemble de ses membres comme résultante des dons qui sont en eux. Vu leur nombre, vu aussi leur influence en certains pays et le fait de leur implantation dans les pays riches, les membres de l'Eglise sont dans le monde un des pouvoirs les plus considérables. Les énergies en réserve dans leur groupe peuvent être d'autant plus efficientes qu'elles seront mieux coordonnées et orientées vers des objectifs précis, communs à tous.

Mais il faut bien se dire que le déploiement d'un tel pouvoir ne s'inscrit pas *nécessairement* dans le ministère de Jésus-Christ. L'important n'est pas de se fixer des objectifs communs et précis. C'est de s'assurer qu'on est conduit par l'Esprit. L'histoire garde le souvenir de situations où les énergies des baptisés ont été mobilisées sur des objectifs dont la suite des temps prouve que l'Esprit de Dieu ne les avait pas désignés. Même sans aller jusqu'à évoquer les guerres menées au nom de la croix, on peut penser à un bon nombre de pratiques : les endoctrinements qui altèrent chez des humains le sens de leur identité véritable, les embrigadements qui dispensent des humains de réfléchir sur la portée de leurs actes, les secours qui font perdre à des groupes entiers le sens de la réciprocité en faisant d'eux des assistés. Même si des hommes d'Eglise en ont eu l'initiative et la direction, de telles pratiques ne peuvent pas être mises au compte du ministère. Dès lors que l'homme n'y advient pas, c'est que l'Esprit n'y a pas poussé. On s'est comporté comme un collectif humain parmi les autres ; peut-être comme un groupe de pression parmi d'autres groupes de pression.

Renouveler de telles situations est toujours possible de la part de baptisés et même de l'ensemble des baptisés. Mais lorsqu'il en est ainsi, preuve leur est donnée qu'ils ne remplissent pas le ministère de Jésus-Christ.

L'Eglise comme lieu d'effusion de l'Esprit

Pourtant, il suffit que les baptisés vivent la logique de leur baptême au nom du Père, du Fils et de l'Esprit pour que, cessant d'être un collectif humain parmi les autres collectifs humains, ils retrouvent ce que l'Esprit Saint a fait d'eux : une communauté, Corps vivant de Jésus-Christ.

Il leur suffit pour cela de réfléchir à ce qui les fait exister comme Eglise.

A la différence de tous les autres collectifs humains, l'Eglise n'existe pas en raison de quelque projet que se seraient donné ses membres : l'instauration par exemple de tel type de société. Elle n'existe pas non plus en vertu de quelque raison d'être ensemble préexistante au choix de chacun de ses membres :

le fait d'avoir la même origine ethnique, les mêmes idées, les mêmes intérêts...

L'Eglise existe par la réponse de foi que des hommes ou des femmes ont donnée à l'appel du Christ les invitant à marcher à sa suite. Dans cette réponse de foi, ces hommes et ces femmes donnent occasion d'agir à une puissance qui les fait UN sans que ça vienne d'eux : ils sont UN par le pouvoir de l'Esprit. Seul ce pouvoir de l'Esprit fait exister l'Eglise en faisant de ceux qu'il rassemble un vrai Corps, une communauté.

Entre des humains que rien peut-être ne maintiendrait ensemble, l'Esprit instaure des interactions par lesquelles ils grandissent ensemble comme Corps en se faisant grandir les uns les autres comme membres. Ainsi s'inaugure en eux « l'avènement de l'HOMME pleinement achevé, dans la force de l'âge, réalisant la plénitude du Christ » (Ep 4, 13). A l'encontre des forces de désagrégation qui empêchent l'avènement de cet HOMME par le gaspillage en tous sens des énergies venues du Père, la force toute puissante de l'Esprit rassemble en un seul Corps des hommes et des femmes que tout, dans le concret de l'existence, pourrait autoriser à se considérer comme n'étant pas « du même bord » : occidentaux et gens du tiers monde, classe ouvrière et monde patronal, paysans de la brousse africaine et citadins des mégapoles modernes... Baptisés dans un même Esprit qui les remet à neuf dans leur condition de fils de l'unique Père, ces hommes et femmes participent au défi que l'Etre-Un de l'unique Dieu Vivant lance aux forces de désagrégation dont la mort seule fait profit.

La nouveauté qu'introduit l'Eglise au sein du monde, en ce qui regarde l'homme à faire advenir, consiste dans le fait d'un rassemblement d'êtres humains que la foi en Jésus-Christ conduit à se reconnaître UN ensemble et avec le reste du monde humain, sans réserves de lieu ni de temps.

Cette démarche, de la part de ceux qui sont l'Eglise, n'est pas le fait de leur initiative. Ils se reconnaissent UN ensemble alors que tout le concret de l'existence tend peut-être à les séparer : race, classe, culture, intérêts... Mais la puissance de l'Esprit qui les fait UN les dépasse. Plus exactement, elle leur donne de se dépasser !

Parce que cette puissance de l'Esprit leur donne de se dépasser, le groupe formé par ceux qui sont l'Eglise devient lieu de jaillissement d'énergies qui ne sont pas d'eux. Ces énergies ne sont pas la somme ni la résultante des additions, combinaisons et interactions entre les énergies dont chacun des membres est porteur pour sa part. C'est un pouvoir propre à l'Eglise en tant que groupe humain dont l'Esprit de Dieu a fait un Corps. Ce pouvoir, avec les énergies qu'il peut mettre en œuvre, ne saurait se définir en termes de langage humain ; et cependant, des êtres humains l'expérimentent dans le fait que, par ce pouvoir, ils sont rendus capables d'entrer dans la condition du serviteur.

L'Eglise comme Corps dispose donc d'un pouvoir qui est en elle sans être d'elle, simplement parce qu'elle est « lieu d'effusion de l'Esprit ». Cette effusion de l'Esprit ne lui donne pas un projet ou une théorie supérieurs aux projets ou théories des autres groupes humains ; elle habilite seulement l'Eglise à vivre la condition de serviteur pour que s'accomplisse l'œuvre du Père. Cette effusion de l'Esprit ne fait pas de l'Eglise un groupe humain plus dévoué ou plus combatif que la moyenne des autres groupes humains ; il vaut seulement à ceux qui sont l'Eglise d'exister comme groupe humain d'une existence qui n'a de sens que si ce groupe humain s'accepte *ordonné* comme groupe à l'œuvre du ministère.

LE MINISTÈRE DANS SON RAPPORT A LA MISSION ET A LA COMMUNAUTÉ

S'accepter *ordonné* comme groupe humain à l'œuvre du ministère est donc la condition d'existence de l'Eglise.

Faut-il conclure que le ministère de l'Eglise s'identifie à la mission et que la mission est l'instance par laquelle doit se définir le ministère ?

Ce raisonnement est couramment tenu en France dans les milieux influencés par l'Action catholique ; dans le sillage des travaux de Karl Rahner et des déclarations de Vatican II, on y définit le ministère par l'annonce de la parole de Dieu.

Cette position rompt avec la théorie développée par les théologiens du moyen âge qui définissaient le ministère par l'Eucharistie et avec celle du Concile de Trente qui définit le ministère à partir des Sacrements.

Remarquons d'abord que ce débat est de ceux qui tendent à réduire le ministère aux choses faites par les prêtres. Ajoutons que ces deux positions ont été prises en des périodes conjoncturellement très différentes. En temps de chrétienté, le ministère était défini par le service de la communauté parce que la communauté absorbait l'activité de ses ministres. Dans le contexte qui résulte de la sécularisation, le ministère tend à être défini par l'annonce de la parole de Dieu et la mission parce que, bien souvent, la communauté n'existe pratiquement plus. La différence des positions semble bien résulter tout simplement du changement de situation. Mieux vaut alors ne pas élaborer une théorie justificative de l'une ou de l'autre.

Chacune des deux positions peut en effet se justifier ; et chacune comporte aussi des limites de vérité.

En définissant le ministère à partir des Sacrements et de l'Eucharistie, on insiste sur les services qui font la communauté. Mais on ouvre la voie à la problématique des « choses à faire » pour que l'Eglise puisse bien fonctionner. L'importance donnée aux rites grossit démesurément. L'hypertrophie du cultuel est la rançon d'une idée où le ministère se définit à partir de la communauté.

En définissant le ministère à partir de la Parole de Dieu à annoncer, on ne tarde pas à déboucher sur une problématique de « choses à faire » pour que l'Eglise fasse entendre sa voix au-dehors. Une excessive importance sera donnée aux moyens à mettre en œuvre. Le foisonnement des techniques de persuasion sera la rançon d'un ministère qui se définit par la mission.

Il est essentiel de préserver dans le ministère cette originalité irréductible que lui confère la référence à la condition du serviteur. Perçu avec cette originalité, le ministère évite à la communauté de s'enfermer dans le ritualisme : les énergies qui se déploient dans le rassemblement ecclésial le débordent de toutes parts car ces énergies visent à faire advenir l'homme. Et le ministère évite à la mission de se dévaluer en propagande ou publicité ; les énergies qui s'y déploient ne viennent pas au rassemblement ecclésial de son propre fond humain, mais de l'Esprit ; elles tiennent au fait que l'Eglise est Sacrement.

L'Eglise est à la fois communauté et mission. Le ministère de l'Eglise ne se réduit ni à la communauté ni à la mission. Le ministère est la condition d'existence d'une Eglise qui est communauté et mission simultanément et indissociablement. Le ministère assure la synergie entre les énergies venues d'humains de toutes origines, opinions et intérêts avec les énergies venues de Dieu. Cette synergie *rassemble* les membres de l'Eglise tout autant qu'elle les *envoie* ; elle les *envoie* tout autant qu'elle les *rassemble*. Par cette synergie le Corps ecclésial prolonge ce qui a été vécu en sa chair par Jésus-Christ disant : « Le Père qui m'envoie est toujours avec moi » (Jn 8, 29). A la suite de cet être humain qui était communauté et mission tout à la fois par l'accomplissement de son ministère, ceux qui sont l'Eglise voient leurs énergies se déployer par le ministère dans un mouvement qui est communauté et mission tout à la fois. Mais sans leur entrée en condition de serviteur, la communauté et la mission pourraient bien n'être que des rassemblements et des expansions où se déploieraient seulement des énergies humaines.

L'entrée des baptisés, hommes et femmes, dans la condition du serviteur permet à l'Eglise d'exister comme humanité portant déjà l'ébauche des traits du Dieu Vivant qui est communauté et mission simultanément et indissociablement.

L'Evangile de Matthieu affirme que Jésus s'est appliqué à lui-même la parole prophétique : « Voici mon serviteur, j'ai mis sur lui mon Esprit... » (Mt 12, 17-20).

Ce texte de l'Evangile, mis en rapport avec le contexte d'où il est tiré en Isaïe, permet de saisir à quel point le ministère conditionne la mission tout autant que la communauté. Le serviteur dont parle Isaïe est envoyé pour rassembler aussi bien les tribus d'Israël et l'ensemble des nations. Sa mission est de rassembler les nations ; mais le rassemblement des tribus conditionne l'accomplissement de cette mission. Le serviteur ne peut mener à bien cette œuvre que parce que Dieu l'a fait serviteur en lui donnant son Esprit. Seul ce don de l'Esprit assure que soient tenus ensemble le rassemblement pour lequel on est envoyé et l'envoi à partir du rassemblement. L'aptitude au ministère par l'être-ensemble rend possible l'envoi ; l'envoi élargit l'être-ensemble sans lequel il n'y aurait pas d'aptitude au ministère.

Savoir si le ministère doit se définir par la communauté ou par la mission ne peut que donner occasion à des débats théoriques. Mieux vaut se demander si les énergies dépensées aussi bien au service de la communauté qu'au service de la mission sont des énergies déployées selon la condition du serviteur. Hors de là, même avec un mandat dûment estampillé, il risque de ne pas y avoir ministère. Si par contre les énergies investies dans la mission ou dans la communauté se déploient selon la condition du serviteur, l'œuvre du ministère s'accomplit ; l'homme advient par ceux qui agissent ainsi.

***

L'histoire des sociétés humaines montre que toujours et partout des humains et des groupes humains ont cru devenir l'HOMME en dominant sur d'autres humains. Il serait capital pour l'avenir des hommes que l'Eglise leur apparaisse comme un lieu où il n'en est pas ainsi (Lc 22, 26) !

L'Eglise ne peut remplir ce rôle au sein du monde qu'en étant ce qu'elle est comme prolongement dans le monde du ministère de Jésus-Christ.

C'est ce qu'on veut dire quand on dit de l'Eglise qu'elle est et qu'elle doit se vouloir « tout entière ministérielle ».

CHAPITRE DEUXIEME

DANS UNE EGLISE « TOUT ENTIERE MINISTERIELLE »

La formule qui décrit l'Eglise comme « tout entière ministérielle » s'est répandue en France à partir de 1977.

Placée en exergue du compte rendu des travaux de l'Assemblée des évêques à Lourdes, cette formule prenait le relais de celle qui avait servi de slogan depuis 1966 : « Une Eglise tout entière missionnaire ».

Certains ont voulu voir, dans ce changement de formule, le signe d'un recentrement (pour ne pas dire d'un repliement !) de l'Eglise de France sur elle-même. Après les campagnes d'ouverture au monde, inaugurées dans le sillage de Vatican II, cette Eglise regagnait ses quartiers !

Tout n'est pas faux dans cette interprétation. Mais son exactitude, même si elle se vérifie à partir de faits particuliers sur le terrain de tel ou tel diocèse, ne saurait être prouvée au plan d'une orientation générale. En comparant les deux formules, prises en elles-mêmes, on ne peut pas dire que la seconde implique automatiquement un repliement sur soi par rapport à ce que signifiait la première.

Affirmer que l'Eglise est tout entière missionnaire fait porter l'insistance sur le dynamisme d'expansion qui travaille nécessairement tout baptisé et tout groupe de baptisés si est vécue la vérité de la foi. Affirmer que l'Eglise est tout entière ministérielle fait porter l'insistance sur le fait que le dynamisme dont l'Eglise est porteuse, en chacun de ses membres et comme Eglise, ne vise pas d'abord au bien de l'Eglise mais à l'accomplissement du Salut de Dieu. Il s'agit pour l'Eglise et pour tout membre de l'Eglise de se vouloir au service de ce Salut, c'est-à-dire au service de l'avènement de l'homme voulu par Dieu.

C'est dans cette perspective que nous utiliserons la formule où l'Eglise est décrite comme tout entière ministérielle.

UNE EGLISE « MINISTERIELLE » EN TOUS SES MEMBRES ET COMME CORPS

Il est bien entendu ici que nous parlons d'Eglise ministérielle non au sens d'une Eglise qui se replierait sur elle-même, mais au sens d'une Eglise s'interrogeant sur les points d'application qu'elle donne aux dynamismes qui sont en elle, soit en ses membres en tant que membres, soit en elle-même comme Corps.

UNE EGLISE « MINISTÉRIELLE » EN TOUS SES MEMBRES, INDIVIDUS ET COLLECTIFS

Lorsqu'ils ont entendu pour la première fois l'affirmation que l'Eglise est tout entière ministérielle, beaucoup de gens ont reçu cette formule comme une manière savante et alambiquée de dire que les membres de l'Eglise et l'Eglise elle-même doivent se montrer plus serviables, dévoués et oublieux d'eux-mêmes que la moyenne des humains.

Cette réaction montre bien où va la pente spontanée des esprits dans une Eglise où l'Evangile a été annoncé comme une morale supérieure au lieu d'être annoncé comme « bonne nouvelle ». Elle montre aussi combien les esprits sont portés à se situer au niveau et dans la problématique des choses à faire. On interprète la condition du « serviteur » en termes de psychologie ou de morale. Des croyants en mal de « bonnes actions » à faire étaient plus à l'aise en entendant parler d'Eglise-servante qu'en entendant parler d'Eglise tout entière ministérielle.

Parler d'Eglise tout entière ministérielle a donc l'avantage de favoriser le dépassement des habitudes de pensée. On est mieux en mesure d'être en accord avec ce que suggèrent les Ecritures à travers les textes et l'expérience historique où est décrite la condition du serviteur. On peut plus aisément se situer au niveau d'une Eglise voulue par Jésus-Christ pour prolonger en des êtres de chair comme lui la condition du Serviteur telle que lui-même l'a vécue. Parler d'Eglise tout entière ministérielle oriente la pensée sur des comportements où les énergies qui sont dans l'Eglise et les membres de l'Eglise, se prêtant à l'impulsion de l'Esprit, entrent en synergie avec les énergies déployées par Dieu.

A ce niveau, l'Eglise tout entière ministérielle, c'est d'abord l'ensemble des différents membres de l'Eglise, pris chacun en sa particularité, avec les dons ou le don lui conférant le « pouvoir » qu'est l'aptitude ou la compétence pour tel ou tel genre d'activité. Est ministère, dans l'Eglise, toute mise en œuvre où quelque membre de l'Eglise déploie les « énergies » qui sont en lui en se prêtant dans ce déploiement aux impulsions de l'Esprit. De la catéchèse d'un groupe d'enfants à une activité professionnelle dans la santé ou ailleurs, de l'animation d'une équipe d'Action catholique à la gestion d'une étude de notaire (1), de la participation à un groupe de prière à la militance dans un syndicat ou un parti, c'est le fait de déployer leurs énergies en se tenant le plus possible sous la dépendance de l'Esprit qui fait que des hommes et des femmes, membres de l'Eglise, vivent la condition ministérielle de l'Eglise.

---

(1) Tel est le cas de l'expérience dont rend compte maître Humeau dans son petit livre *Là où est ton Trésor* (chez l'auteur, rue de Chachon, 79 Bressuire).

L'Eglise tout entière ministérielle, c'est aussi tout collectif et tous les collectifs d'Eglise, pris chacun en sa particularité, avec les énergies qui s'y déploient à partir de la mise ensemble des dons de leurs membres avec leur diversité : un mouvement d'Action catholique, une communauté ou une congrégation religieuse, une organisation caritative, intellectuelle, sociale, pieuse, ludique sont le lieu d'émergence d'un pouvoir. En chacun de ces collectifs, il s'agit de pouvoirs de type très différents. La mise en œuvre de ces pouvoirs par les collectifs où ils émergent, si cette mise en œuvre se fait sous la dépendance de l'Esprit, est ministère elle aussi. La condition ministérielle de l'Eglise se vérifie en ces divers collectifs comme elle se vérifie en tout individu par le déploiement d'énergies propres qui entrent en synergie avec les énergies de Dieu s'il y a obéissance à l'Esprit (2).

Il est arrivé, il arrive et il arrivera toujours que dans l'Eglise des individus ou des collectifs s'adonnent à des *mises en œuvre* du pouvoir qui est en eux en se laissant mener par tout autre chose que l'Esprit de Dieu. Que ces individus soient membres de la hiérarchie ecclésiastique et que ces collectifs soient présidés par des prélats ne fera jamais de leurs *mises en œuvre* un ministère. On aura peut-être affaire à des opérations de brigandage idéologique, économique ou politique comme en bien des opérations menées sous le couvert de l'Inquisition antique ou modernisée. Les membres de l'Eglise et les collectifs d'Eglise ne vivent pas la condition ministérielle de l'Eglise en vertu d'un label conférant automatiquement à leurs actes le caractère ministériel. Pas plus qu'une étiquette sur une bouteille ne fait un grand cru, les titres ecclésiastiques ne font d'un déploiement d'énergies un ministère. Le ministère n'existe chez les individus ou collectifs d'Eglise qu'à la mesure de

(2) C'est à l'Eglise en tant que Corps (voir plus loin, p. 122 à 125) qu'il appartient de discerner les mises en œuvre où ses membres (individus et collectifs) sont effectivement sous la conduite de l'Esprit. Elle peut alors « reconnaître » et même « instituer » comme étant des ministères telle ou telle activité. Mais c'est à elle aussi de constater le cas échéant que telle ou telle activité dans laquelle elle avait reconnu et même institué un ministère a cessé d'être un ministère entre-temps parce que l'Esprit n'a plus rien à voir dans son déploiement.

leur obéissance (individuelle ou collective) à l'Esprit de Jésus-Christ. Si ce n'est pas l'Esprit de Jésus qui les conduit, leurs mises en œuvre n'expriment pas la condition du serviteur. Elles peuvent n'exprimer que quelque paranoïa de « dominateurs ». Les déploiements d'énergie qui s'effectuent dans ces mises en œuvre, loin de contribuer à faire advenir l'homme, y font obstacle. Elles vont à l'encontre du dessein de Dieu.

L'Eglise n'est pas « tout entière ministérielle » en ses membres et en ses divers collectifs, en vertu de quelque investiture de type magique. Il lui incombe, à ce niveau, de se vouloir tout entière ministérielle au prix de la vigilance qu'elle exerce sur elle-même pour se garder avec tous ses membres et leurs collectifs sous la dépendance de l'Esprit.

UNE EGLISE « MINISTÉRIELLE » COMME CORPS

Affirmer que tous les actes posés par des individus ou des collectifs d'Eglise peuvent être ministère, mais peuvent aussi n'être que mises en œuvre faisant obstacle au dessein de Dieu pourrait amener à se demander en quoi les individus ou collectifs d'Eglise diffèrent des autres individus ou collectifs humains. Ceux-ci ne participent-ils pas eux aussi du ministère dès lors qu'ils se laissent conduire par l'Esprit ?

Cette question donne à développer un second sens de l'expression « une Eglise tout entière ministérielle ». Expliquée jusqu'ici dans un sens qui prenait en considération les individus et les collectifs d'Eglise comme autant de réalités prises chacune à part, cette formule reste à expliquer en prenant l'Eglise comme corps.

La distinction entre ces deux manières d'aborder l'Eglise est impossible à saisir si on n'en place pas le fondement en son vrai lieu. Ce vrai lieu est la Foi. Parler des actes et mises en œuvre qui sont des actes et mises en œuvre de l'Eglise en tant qu'Eglise, c'est parler des actes et mises en œuvre qui procèdent de la foi de l'Eglise en tant que foi de *toute* l'Eglise. Ces actes et mises en œuvre peuvent être le fait d'un seul membre, d'un seul collectif d'Eglise. Ce sont pourtant des actes et mises en œuvre de l'Eglise dès lors qu'ils sont en référence à la foi de *toute* l'Eglise. Par contre des actes et mises en œuvre de membres nombreux et de collectifs très importants peuvent ne pas être des actes et mises en œuvre de l'Eglise. Ainsi lorsque des actes et mises en œuvre procèdent d'une foi qui se sépare ou se distingue de la foi de *toute* l'Eglise en y choisissant ce qui plaît seulement.

Nous l'avons déjà vu. Le Corps qu'est l'Eglise n'existe pas de son propre fait ni par lui-même. Il ne tire pas son existence de la décision de ses propres membres décrétant la mise en place de quelque collectif. Ce Corps qu'est l'Eglise n'existe que par la réponse de foi que ses membres ont donnée à l'invitation de Jésus-Christ. C'est par cette réponse de foi que les membres de l'Eglise sont Eglise. Les rassemblements qu'ils constituent n'existeraient pas sans la décision libre par laquelle ils se sont mis ensemble. Mais leur mise ensemble ne les fait pas Eglise de par leur décision. Ce qui les fait Eglise est entièrement dans le fait que leur décision libre répond à l'impulsion de l'Esprit par qui ils sont provoqués à se mettre ensemble. Il y a là des éléments fondamentaux à prendre en compte. Et ces éléments fondamentaux sont facilement oubliés en bien des discours tenus au sujet de l'Eglise aujourd'hui.

L'Eglise n'existe comme Eglise qu'en des rassemblements de gens qui entendent bien professer la foi de toute l'Eglise et pas seulement la foi que leur inspirent leurs ratiocinations ou leurs sentiments personnels. C'est parce que ces gens, comme individus et, éventuellement, comme collectifs, professent *la foi de toute l'Eglise* que leur rassemblement, œuvre de l'Esprit, rend possible des mises en œuvre qui sont des mises en œuvre du pouvoir de l'Esprit.

Il faut donc commencer par se dire que si l'Eglise est à même de mettre en œuvre un pouvoir qui lui est propre, il s'agit d'un pouvoir qui est en elle sans être d'elle. Ce pouvoir est le pouvoir que l'Esprit déploie dans l'Eglise en réponse à sa foi d'Eglise : non la foi de tel ou tel membre de l'Eglise, mais la foi de l'ensemble des membres, se laissant rassembler par l'Esprit et se reconnaissant rassemblés par lui.

Parce que ce pouvoir est dans l'Eglise du fait de l'Esprit répondant à sa foi d'Eglise, c'est un pouvoir qui ne peut se mettre en œuvre que par la foi. Ce pouvoir est dans l'Eglise. Mais il est dans l'Eglise sans venir d'elle. En effet, l'Eglise elle-même doit à ce pouvoir son existence en tant que Corps !

Parce que ce pouvoir fait exister l'Eglise en tant que Corps, il ne peut être mis en œuvre que par la foi de l'Eglise en tant qu'elle est un Corps. A cette foi de toute l'Eglise en tant qu'elle est un Corps, nul membre de l'Eglise, fut-il pape ou théologien, ne saurait substituer sa propre foi. Nul ne met en œuvre ce pouvoir qui est dans l'Eglise, s'il ne consent, dans la foi de l'Eglise, à vouloir faire ce que veut faire l'Eglise (3).

Ce pouvoir qui est dans l'Eglise peut se déployer à deux niveaux : en des actes par lesquels l'Eglise s'exprime ou s'accroît en tel ou tel de ses membres ; en des actes par lesquels l'Eglise se dirige elle-même en disposant d'elle-même comme Corps en son unité de Corps.

En ce qui regarde les actes par lesquels l'Eglise s'exprime ou s'accroît en tel ou tel de ses membres, le pouvoir qui est en elle peut s'exercer par n'importe lequel de ses membres et même par des humains qui ne sont pas membres de l'Eglise : un non-baptisé peut baptiser s'il consent à vouloir faire ce que fait l'Eglise quand elle baptise.

Il en va autrement lorsqu'il s'agit des actes par lesquels l'Eglise se dirige elle-même en disposant d'elle-même comme Corps en son unité de Corps. Car l'exercice du pouvoir qui est dans l'Eglise concerne alors la totalité de l'Eglise comme Corps. A ce niveau, l'exercice du pouvoir qui est dans l'Eglise suppose qu'elle utilise des moyens lui permettant de reconnaître *comme posés par elle* des actes qui soient les actes de sa foi d'Eglise faisant ce qu'elle veut faire en tant qu'Eglise, de par sa foi d'Eglise entière.

Ce que veut faire l'Eglise de par sa Foi d'Eglise, c'est que le Salut de Dieu atteigne aux extrémités de la terre. L'Eglise,

(3) On retrouve dans cet énoncé le contenu de la belle prière où le prêtre, avant de communier au Corps du Christ, demande à Dieu de ne pas considérer ses péchés d'homme pécheur comme les autres hommes, mais la foi de l'Eglise au nom de qui il préside à l'Eucharistie.

comme Corps, n'existe pas plus pour elle-même que par elle-même. Elle est un Corps « *ordonné* » à l'accomplissement de l'Homme voulu par Dieu, œuvre du Père. Consciente d'être *ordonnée* à cette œuvre en tant que Corps, l'Eglise *ordonne* certains de ses membres pour que le pouvoir qui est en elle comme Corps soit mis en œuvre au bénéfice de l'œuvre que poursuit le Père. Pour la mise en œuvre de ce pouvoir qui n'est pas d'elle mais de l'Esprit, elle *ordonne* ces membres en invoquant sur eux la venue de l'Esprit.

En agissant ainsi, l'Eglise est fidèle à la conscience qu'elle a de son ministère. Elle sait que son ministère lui vient de ce qu'elle est *ordonnée* en tant que Corps à mettre en œuvre le pouvoir du Père parce qu'elle a reçu du Christ l'effusion de l'Esprit qui la fait exister. Elle fait donc exister *à son propre ministère* des membres qu'elle y *ordonne* par l'effusion de l'Esprit appelé sur eux. Elle les *ordonne* à mettre en œuvre le pouvoir du Père qui est en elle par l'Esprit.

Dans l'exercice du ministère pour lequel elle ordonne certains de ses membres, l'Eglise n'est plus seulement « ministérielle » parce que certains de ses membres (individus ou collectifs) mettent chacun en œuvre le pouvoir qui est en eux au titre des dons qui sont les leurs. Elle est ministérielle à travers des membres qu'elle a ordonnés pour donner visage au pouvoir qui est en elle comme Corps. C'est pourquoi le ministère que l'Eglise exerce ainsi est appelé à bon droit « ministère ordonné ». A la différence des autres ministères où se déploient les énergies de tel individu ou de tel collectif d'Eglise du fait de leurs aptitudes ou compétences propres, le ministère ordonné est un ministère où se déploient les énergies qui sont dans le Corps ecclésial en tant que Corps pris en son entier du fait de son existence comme Corps, rassemblé dans la foi par la puissance de l'Esprit.

L'ARTICULATION DES MINISTÈRES

L'Eglise tout entière ministérielle, c'est donc ce Corps dont les membres, faits UN par l'action de l'Esprit, sont à titre individuel et en tant que Corps au service de l'homme en besoin d'advenir. Le ministère qui s'exerce par l'Eglise est à la fois dans la contribution de ses membres (individus et collectifs) déployant leurs énergies propres en accord avec l'Esprit et dans la contribution qu'elle apporte comme Corps que l'Esprit fait exister au sein du monde des hommes pour y être les prémices et le ferment de l'homme à venir. En chacun de ces deux sens, l'Eglise est au sein du monde le prolongement du ministère de Jésus-Christ. Comme Jésus-Christ a servi le monde des hommes en y naissant, en y vivant et en y mourant sous l'action de l'Esprit, le Corps ecclésial remplit son ministère en naissant, en vivant et en mourant jour après jour dans la fidélité aux impulsions de l'Esprit. L'Eglise est ainsi pour ses propres membres la fontaine où se renouvelle indéfiniment leur capacité de vivre sous l'action de l'Esprit ce qu'ils ont à vivre comme individus et comme collectifs d'Eglise. Le ministère ordonné leur garantit à tous que c'est bien à cette fontaine qu'ils s'abreuvent. Car il les renvoie tous, en tant que ministère ordonné, à une foi qui est la foi de toute l'Eglise.

Cependant, dès lors qu'on admet que tous les baptisés participent chacun à sa manière et selon ses dons au ministère de l'Eglise, on sera porté à se demander comment s'articulent ce ministère ordonné et les autres ministères de tous types que des baptisés exercent effectivement en leurs diverses activités : catéchèse, militance, permanences diverses, activités caritatives ou autres, accomplissement des devoirs professionnels ou familiaux...

En accord avec le choix qui leur fait définir le ministère et les ministères par la mission, certains ont voulu placer dans la mission le point d'articulation des ministères. On établit alors des priorités et une interdépendance des ministères en fonction de l'annonce évangélique et de ses urgences. De nos jours, en poussant à fond l'urgence de justice, on mettra volontiers la militance au premier plan ; et certains s'étonneront que tout ministre ordonné ne soit pas aussi un militant...

Bien entendu, ces conclusions seront absolument récusées par ceux qui veulent définir le ministère à partir de la communauté et plus particulièrement à partir des sacrements à dispenser. Ceux-là en viendront à penser que le service de la communauté est le point d'articulation des ministères. Ils feront pivoter toute la répartition des ministères autour du ministre ordonné. Ils penseront que son ordination doit interdire au prêtre toute activité militante, surtout de type politique...

Le radicalisme des conclusions qu'on tire à partir de chacun de ces deux points de vue et surtout le fait que la mission et la communauté y sont séparés par une cloison particulièrement étanche, donne à penser que le problème de l'articulation des ministères doit se poser tout autrement. Il faut surtout éviter de retomber une fois de plus dans une problématique de choses à faire !

Au lieu de s'interroger sur l'articulation des ministères, pourquoi ne pas s'interroger sur la manière dont le ministère assure l'articulation des trois fonctions royale, prophétique et sacerdotale par lesquelles l'Eglise est à la fois prémices et ferment de l'homme trinitaire voulu par Dieu ?

Il se trouve que ce renversement de point de vue permet de retrouver des termes que l'Eglise a utilisés depuis toujours pour exprimer la conscience qu'elle a d'elle-même en tant qu'Eglise. Ces termes sont au nombre de quatre : *Martyria, Didascalia, Koinonia* et *Diaconia.*

Sur ces quatre termes, les trois premiers forment une triade ; le quatrième s'ajoute à eux, mais est aussi susceptible de faire « bande à part ».

Arrêtons-nous donc d'abord à la triade « *Martyria-Didascalia-Koinonia* ».

Les *Martyria,* ce sont les *témoignages* : le fait de ne pas bouger ni faillir dans l'affirmation de ce qu'on a vu et entendu, soit par soi-même, soit en la personne de ceux dont on est les héritiers (*cf.* Ac 5, 32 et Jn 17, 20). Les *Martyria* sont le déploiement d'une force, d'un pouvoir (*cf.* Ac 1, 8). Le premier *témoin* est le Père, source de toute force et de tout pouvoir (4).

(4) On retrouvera plus loin cette triade quand il s'agira d'établir le rapport entre le ministère ordonné et la structure trinitaire de l'Eglise. Soulignons simplement ici que les *Martyria* se réfèrent à la personne du Père comme premier témoin, source de toute force et donc de la fonction

La *Didascalia* n'est pas autre chose que l'*enseignement* : le fait de communiquer à d'autres ce que l'on a soi-même appris et la réflexion dont on a enrichi ce dépôt reçu d'autrui (*cf.* Jn 15, 15). La *Didascalia* est communication d'une sagesse, d'un savoir. Le premier *maître* (au sens de celui qui enseigne !) est le Verbe en qui est tout savoir, toute sagesse, toute science.

La *Koinonia* consiste dans la possession en commun en indivis : le fait de partager de telle manière que nul ne dise sien ce qui est à tous (*cf.* Ac 2, 44-45 ; 4, 32). La *Koinonia* fait de l'Eglise une communauté où tous vivent d'un même bien qu'ils se donnent les uns aux autres. Le premier *don* possédé par tous en indivis est l'Esprit, *Koinonia* du Fils et du Père (5).

Mettre la triade *Martyria-Didascalia-Koinonia* en rapport avec la trilogie Pouvoir-Savoir-Avoir permet de saisir en quoi cette triade où l'Eglise reconnaît la conscience qu'elle a d'elle-même rejoint les problèmes concrets de l'existence des hommes. Souligner le lien entre chaque terme de la triade et chacune des trois personnes divines permet de saisir que dans cette triade l'Eglise est engagée de par sa nature même. Mais le problème dans lequel l'Eglise est engagée ici ne consiste pas à devoir vivre chacun des trois termes pris un à un. Le problème est de vivre les trois en les articulant ensemble. C'est à cette articulation que se rapporte le quatrième terme : *Diaconia.*

La *Diaconia,* c'est la condition de serviteur : le ministère !

Le ministère épargne aux *Martyria* de dégénérer en témoignage d'une force qui ne serait que volonté d'embrigader autrui ; le ministère évite à la *Didascalia* de se ravaler en enseignement où l'on ne pense qu'à endoctriner autrui ; le

---

royale. Ceci donne à comprendre que les ministres ordonnés sont des Témoins qui ont été faits témoins par une force qui ne vient pas d'eux (*cf.* Ac 1, 8). Cette force est celle du Père communiquée par l'Esprit qui, pour cette raison, est appelée « *principalis* » (royal, princier !), venant de l'Origine. On fera plus loin allusion au fait que les martyrs se sont vu reconnaître le droit de présider l'Eucharistie sans avoir reçu l'imposition des mains (voir note, p. 138).

(5) Le texte de Jean qui révèle cette *Koinonia* dans la vie trinitaire est précieux à méditer, car il suggère un partage où Avoir et Etre se confondent *(Tou emou)* (Jn 16, 14-15).

ministère empêche la *Koinonia* de se réduire à une simple mesure de répartition. Le ministère assure l'articulation entre les trois fonctions royale, prophétique et sacerdotale, entre le Pouvoir, le Savoir et l'Avoir. Il renvoie constamment l'Eglise à la manière dont le Pouvoir, le Savoir et l'Avoir sont vécus dans le mystère du Dieu Vivant. Parce qu'il introduit à un exercice du Pouvoir à l'image de ce qui se passe « chez le Père », le ministère rend possible que le Savoir et l'Avoir soient vécus dans l'unité d'un seul et même homme à faire advenir.

La triade *Martyria-Didascalia-Koinonia* est une systématisation qui remonte aux premiers temps où l'Eglise a exprimé la conscience qu'elle avait de sa responsabilité au sein du monde. C'est le même contenu qu'on retrouve en des triades récentes telles que « Engagement éthique, Exégèse scripturaire, Célébration liturgique » (6).

Quel que soit l'énoncé, antique ou récent, que l'Eglise utilise pour formuler sa responsabilité par rapport à l'homme, les trois éléments qui évoquent le Pouvoir, le Savoir et l'Avoir s'y retrouveront nécessairement parce que l'Eglise est pour qu'advienne l'homme. Mais le plus important sera de faire que ces trois éléments trouvent dans l'Eglise leur articulation saine (7). Cette articulation saine n'est pas dans la prééminence de l'un des trois éléments sur les deux autres ni dans l'attribution à l'un des trois de la capacité d'englober les deux autres. L'articulation saine est à chercher dans l'entrée de toute

(6) L.-M. Chauvet dans *Du symbole au symbolique*, p. 87.

(7) Ces trois éléments sont évoqués jusque dans le fameux *Rapport Nora-Minc* sur l'informatisation de la société. La page 124 décrit les trois étages *régalien, informationnel* et *de marché* que comporte toute existence en société. Les auteurs s'interrogent sur l'élément qui pourra jouer le rôle de *facteur totalisant* et ils comparent les divers systèmes actuellement en vigueur pour constater leur carence. La vie de l'Eglise connaît le même problème à travers les tiraillements entre *militance, catéchèse et caritatif* (étant entendu que la quête fait partie du culte!). Tant que ces réalités ne seront pas vécues comme pôles d'une même structure trinitaire, on perdra du temps à chercher laquelle peut englober les deux autres. On se comparera les uns aux autres dans l'Eglise au détriment aussi bien de la communauté que de la mission. C'est la rançon d'une théologie du ministère qui a trop exclusivement polarisé les baptisés sur les « choses à faire ».

l'Eglise en condition de serviteur en se voulant tout entière ministérielle en chacun de ses membres et comme Corps.

***

Ces réflexions montrent assez l'importance du ministère pour l'Eglise.

En dehors du ministère, le *témoignage* dégénère en pharisaïsme du comportement moral, l'*enseignement* se mue en défense de quelque système d'idées, le *partage* s'avilit en sentimentalisme illuministe. C'est de toutes ces perversions que l'Eglise est préservée si elle maintient en elle le sens du ministère.

De tels enjeux donnent de l'importance à une réflexion qui va porter plus particulièrement maintenant sur les ministères ordonnés.

UNE EGLISE MINISTERIELLE COMME CORPS PAR LE MINISTERE ORDONNE

La première chose à ne pas perdre de vue quand il est question des ministères ordonnés est la raison de leur existence.

Ici encore, ce n'est pas de « choses à faire » qu'on doit débattre en premier.

Les ministères ordonnés existent parce que le Corps ecclésial existe. Ils donnent une expression sociale à l'initiative par laquelle ont été rassemblés ceux dont l'Esprit a fait un Corps par la foi. Ils existent parce que ceux que l'initiative a rassemblés ont besoin que leur soit exprimée leur existence en Eglise.

C'est dire qu'il est impossible de parler des ministères ordonnés sans faire référence à l'Eglise en tant que réalité sociale, c'est-à-dire en tant qu'institution.

On prendra donc le temps de préciser en quel sens le mot institution s'applique au Corps qu'est l'Eglise.

L'Eglise comme institution au sens sociologique

Il a fallu attendre ces dernières années pour que la question de l'Eglise comme institution soit abordée au titre des sciences humaines. Les grandes enquêtes sociologiques de Gabriel Le Bras ont prouvé que cette approche se justifiait amplement. Elle permettait de ne pas gommer les aspects institutionnels humains de la réalité ecclésiale. Trop souvent ces aspects avaient été ignorés au nom de principes surnaturels.

Aujourd'hui, personne n'aurait idée de mettre en doute l'intérêt de cette approche. Peut-être même cette approche permettra-t-elle de clarifier certaines ambiguïtés du langage théologique.

En tant qu'elle rassemble des êtres humains, l'Eglise, comme tout rassemblement d'êtres humains, voit s'établir en son sein des tensions entre individus et entre groupes. Ces tensions résultent de la différence de points de vue, d'intérêts... Courants et tendances s'affrontent... Comme dans tous les autres groupes humains, leur affrontement peut s'évaluer en rapports de force.

C'est à partir de l'expérience de rapports de force en son sein que l'Eglise, comme tout autre groupe humain, a été amenée à se doter d'un Droit.

Le Droit a pour but de permettre que les conflits ne soient pas automatiquement résolus à partir du rapport des forces en présence, mais en référence à des principes qui ne soient pas incompatibles avec la nature d'une institution. Le premier principe dont s'inspire le Droit dans l'Eglise est la sauvegarde du faible, du petit.

L'élaboration d'un Droit a toujours pour corollaire la mise en place de gens à qui est conféré le minimum de pouvoir nécessaire à sa mise en application. Ce pouvoir qui leur est conféré est assorti de règles qui en précisent la portée et les limites. Il comporte toujours des moyens de contraindre, que ce soit par une violence physique ou par quelque forme de violence spirituelle. Un tel pouvoir constitue ceux sur qui il s'exerce en situation de *sujets*. L'exercice de ce pouvoir implique ou entraîne l'existence d'un appareil.

Il n'est pas indécent, quand on regarde l'Eglise en tant que société humaine, de la considérer comme un groupe humain dont les membres entretiennent des relations régulées par un appareil. Destiné à réguler des relations entre individus et groupes d'individus, cet appareil se dote nécessairement de « services ». Les « services » sont conçus de manière à fonctionner au bénéfice de l'ensemble : ils correspondent à des « besoins ».

Toute transformation des « besoins » dans le groupe ecclésial entraîne donc naturellement la transformation des « services » et, par-là, de l'appareil lui-même. Cette transformation doit même pouvoir aller jusqu'à la suppression pure et simple de tout « service » correspondant à un « besoin » désormais périmé ou que les membres de l'Eglise peuvent satisfaire ailleurs à meilleur compte.

Ainsi en a-t-il été pour l'appareil d'Eglise lorsque des besoins de type plus social que religieux ont été pris en charge en dehors d'elle par la société civile. Il est arrivé que des éléments de l'appareil d'Eglise passent alors petit à petit à d'autres appareils, en particulier l'appareil d'Etat.

Ce fait, amplement vérifié au cours du dernier siècle dans les domaines de l'assistance et de l'enseignement, montre que l'Eglise, comme institution au sens sociologique, ne diffère pratiquement en rien des autres types d'institution. Elle n'est ni meilleure, ni plus performante. Le transfert d'éléments de son appareil à d'autres appareils entre dans la nature des choses (8).

Les considérations qu'on vient de faire ont leur importance par rapport à une réflexion sur les ministères.

Il est fréquent que la réflexion sur les ministères soit formu-

(8) *Cf.* René DULONG dans « Crise de l'Eglise et crise de l'Etat », *Economie et Humanisme*, n° 244, novembre-décembre 1978.

lée en termes d'appareil où ceux qui ont le pouvoir constituent les autres membres de l'Eglise en situation de sujets ; il est fréquent aussi que cette réflexion soit menée à partir de l'inventaire des besoins à satisfaire par la mise en place de services ; il est fréquent également que l'on déplore le passage de gens qui exerçaient un ministère dans l'Eglise à des tâches de même type dans le cadre d'appareils différents.

En toutes ces réflexions, c'est en termes sociologiques qu'on raisonne. Le raisonnement est juste. Mais sa justesse se limite au champ de la sociologie. Et les conclusions qu'on en tire dépassent le champ de la sociologie lorsqu'elles mettent en question le ministère ordonné et sa place dans l'Eglise.

Que la sociologie invite les communautés chrétiennes à consentir de sérieux changements de structures (fonctionnement, répartition des tâches, niveaux de responsabilité...) est certainement une requête de son ressort ; par contre, énoncer des propositions sur le ministère ordonné et son rôle dans la vie de l'Eglise est une démarche que la sociologie ne saurait entreprendre à aucun titre. Les ministères ordonnés ne s'inscrivent pas dans l'institution Eglise au sens sociologique du mot institution. Ils s'y inscrivent comme dans une institution dont l'auteur est Jésus-Christ. On est au plan de la théologie.

L'Eglise comme institution au sens théologique

Parler de l'Eglise comme institution au sens théologique, c'est prendre en considération le groupe Eglise non plus à partir des membres qui le constituent avec l'appareil qu'ils se donnent, mais à partir de l'intervention qui les a constitués en groupe, avec les médiations que suppose la mise en œuvre de cette intervention.

Parmi les textes de l'Ecriture qui permettent de percevoir ce qu'est l'Eglise comme institution au sens théologique, l'un des plus parlants est celui qu'on intitule généralement « institution des douze » (Mc 3, 13-18).

« Jésus gravit la montagne et il appela à *lui* ceux qu'il voulait. Ils vinrent à *lui*. Et il les fit DOUZE pour être avec *lui*, et pour les envoyer parler en son nom en avant de *lui* avec pouvoir de chasser les démons. Il les fit donc douze. » Suivent alors dans le texte les noms des douze intéressés.

Dans ce texte, deux choses sont à souligner.

D'abord, le fait que tout est centré sur la personne de Jésus-Christ. Il est le sujet de tous les verbes sauf un. Le pronom *lui* (dans la traduction que nous avons adoptée) vient quatre fois pour renvoyer à sa personne.

Ensuite, le fait que vient deux fois la formule « Il les fit DOUZE ». En beaucoup de traductions, le texte donné est « Il en institua douze ». Le verbe *instituer* dit bien qu'il s'agit d'un acte qui fait exister quelque chose qui n'existait pas auparavant. Mais sa résonance est faible par rapport au texte grec. Le verbe grec employé par l'évangéliste signifie « faire » au sens de « créer ». « Il les fit DOUZE » veut dire très exactement que ceux qui étaient des individus au nombre de douze *numériquement* sont devenus un ensemble où ils sont DOUZE *symboliquement*, c'est-à-dire comme un TOUT. Il y a eu un acte créateur. Cet acte créateur, de la part de Jésus-Christ, fait exister un être nouveau. Une puissance de rassemblement est entrée en jeu qui n'est pas de l'homme, mais de Dieu.

Cet acte créateur est accompli par Dieu à travers la personne de Jésus-Christ qui appelle *ceux qu'il veut* et il prend efficacité par la réponse d'hommes dont il est dit qu'ils vinrent à lui : appel de Dieu, réponse de l'homme.

Outre la médiation de Jésus de Nazareth qui appelle, nous avons donc ici à prendre en considération la médiation de ces personnes dont le texte évangélique donne les noms. L'institution de l'Eglise ne s'est pas faite par la mise en place d'un appareil de type monarchique, aristocratique ou démocratique. Elle s'est faite par la réponse que des personnes concrètes, des êtres humains ayant un visage et un nom ont donnée à l'appel qui leur était adressé par un être humain qui avait un visage pour eux.

Cet appel ne leur a pas été adressé en fonction de besoins à satisfaire. Jésus n'a pas proposé aux Douze un plan, un programme ou un projet. Jésus les appelle à *lui*. Même si, en venant *à lui,* ils ont chacun son petit plan ou grand projet en tête, c'est à la personne de Jésus qu'ils viennent. L'appel de Jésus les mobilise en tant qu'êtres humains animés par le DÉSIR de l'être UN, dans l'être humain de Jésus et non par le besoin d'être UN dans quelque projet qui serait moins que l'homme lui-même.

L'appel auquel les Douze ont répondu les a faits « prémices » de l'unité humaine à venir : en eux, l'homme *à venir* a commencé d'être l'homme *advenu !* Et la réponse de foi qu'ils ont donnée à l'appel de l'homme Jésus, les a mis au service de cette unité humaine dont la puissance de Jésus-Christ faisait d'eux les « prémices ».

STRUCTURE TRINITAIRE DE L'EGLISE COMME INSTITUTION AU SENS THÉOLOGIQUE

Les considérations à partir du texte de Marc (3, 13-18) permettent d'aller encore plus profond dans l'approche de ce qu'est l'Eglise comme institution au sens théologique de ce mot.

Ce texte de Marc comporte en effet deux séries d'éléments de type antagoniste.

D'abord, ceux qui viennent à Jésus ont été appelés « pour être avec lui et pour être envoyés »...

Etre avec, être envoyé, sont les expressions habituellement employées dans le Nouveau Testament pour exprimer quelque chose du mystère de Dieu en qui le Fils et le Père vivent un être-avec dans l'Esprit et, simultanément, vivent un envoi du Fils par le Père et de l'Esprit par le Père et le Fils.

Le texte de Marc ne peut pas être compris indépendamment d'une référence à cet aspect du mystère de Dieu.

En second lieu, on perçoit dans ce texte de Marc deux pôles dont l'un est un pôle collectif unitaire et l'autre un pôle de diversité : « Il les fit Douze » affirme simultanément l'unité d'un TOUT et le maintien en leur identité propre de ceux dont les noms sont énoncés. Un tel libellé donne à entrevoir quelque chose de ce que le Nouveau Testament suggère au sujet du mystère de Dieu en parlant de Dieu comme d'un Dieu UN qui se donne pourtant à connaître sous trois visages tels que l'identité de chacun est irréductible à l'identité des deux autres.

Ce double constat à partir du texte de Marc invite à chercher dans la structure trinitaire de l'Eglise ce qui fait d'elle, en dernière instance, une institution au sens théologique de ce mot.

Il faudrait reprendre ici le texte de saint Jean : « Je vous ai placés (institués) pour que vous alliez et portiez du fruit » (Jn 15, 16).

Ce texte nous a permis de définir l'Eglise comme une structure qui est à la fois permanence de rapports définis, mouvement indéfini de ces rapports, fécondité procédant du jeu de ces rapports.

Une telle structure dont les pôles sont la permanence, le mouvement et la croissance, renvoie simultanément à ce que nous savons de l'homme à venir à travers les fonctions messianiques et à ce que nous balbutions sur Dieu à travers la révélation du Père, du Fils et de l'Esprit !

Par le témoignage, l'Eglise est l'Eglise du Père fondement de tout ÊTRE. Par l'enseignement, l'Eglise est l'Eglise du Fils en qui sont « tous les trésors de la Sagesse et de la Science » (Cl 2, 3). Par la mise en commun l'Eglise est l'Eglise de l'Esprit qui fait part de ce qui est au Fils et au Père (Jn 16, 14-15).

Le mystère trinitaire est ainsi reconnu par l'Eglise comme loi de son propre fonctionnement et fondement de sa propre structure. De ce mystère, l'Eglise apprend qu'elle doit tenir ensemble les trois traits de permanence, de mouvement et de fécondité. Mais elle apprend aussi que le trait de permanence est en elle ce qui, dans le mystère de Dieu, correspond au visage du Père.

Ce trait ne peut pas se comprendre seulement comme une certaine continuité dans la succession des temps : il renvoie à un fondement dernier, en participation à ce qu'est le Père comme fondement de l'être même de Dieu. Ce trait de permanence évoque un témoignage qui dépasse l'homme.

« Institués pour aller et porter du fruit », ceux qui sont l'Eglise savent (ou devraient savoir !) qu'ils ne peuvent sous-estimer ou minimiser l'importance du terme « instituer » sans se nier eux-mêmes comme Eglise de Jésus-Christ. Une actualité dans laquelle des oppressions de toute sorte nous font éprouver la nostalgie des expressions libres et de la communion spontanée, fait de nous des humains en état de grippe vis-à-vis de tout ce qui s'impose comme *établi, permanent, institué.* La révélation du Dieu vivant nous met en garde contre une réaction bien naturelle mais trop peu réfléchie. L'Eglise ne rassemble pas des hommes qui seraient devenus libres en « tuant le Père » ; elle est formée de ceux qui, avec Jésus-Christ le Fils libre, posent des actes vraiment libres en posant ces actes « au nom du Père ».

C'est parce qu'on y pose des actes « au nom du Père » que l'Eglise de Jésus-Christ est une institution dotée d'une « permanence » qui prend visage en la personne de ceux que l'Eglise ordonne à l'exercice de son ministère d'Eglise.

L'acte où le Christ, en appelant ceux qu'il voulait et en recevant leur réponse les a « faits DOUZE » (ou si l'on préfère, « les a institués ») est l'acte dans lequel ceux que les évangélistes appellent par leurs noms ont été « ordonnés » au ministère de Jésus-Christ. Ils y sont ordonnés comme un TOUT ! Par le chiffre DOUZE, ces hommes dont les noms nous ont été transmis sont symboliques de la totalité de l'Eglise, indépendamment de l'espace (les douze signes du zodiaque) et indépendamment du temps (les douze lunaisons d'une année). En leurs personnes, c'est l'Eglise entière qui a été ordonnée pour le ministère (9). A leur suite, et par ceux qu'eux-mêmes implicitement d'abord (10), explicitement ensuite, y ont ordonnés, l'Eglise de

---

(9) A cause de cette origine, les ministères ordonnés sont assez souvent appelés « ministères apostoliques ». On veut dire par là que ces ministères investissent personnellement de l'apostolat (l'envoi) dont le Père a investi son Fils en l'envoyant en ce monde. En rigueur de terme on peut dire toutefois que tout ministère est apostolique (est un apostolat !) dès lors qu'il y a déploiement d'énergies sous l'impulsion (l'envoi) de l'Esprit. Le ministère épiscopal et presbytéral sont plus exactement définis quand on les dit « pastoraux » parce que situés dans le prolongement de la responsabilité d'unité de l'unique pasteur. C'est pourquoi le ministère diaconal, tout en étant un ministère ordonné, n'est pas un ministère pastoral.

(10) L'adverbe « implicitement » fait droit au constat que l'acte d'ordination a mis du temps à se donner des expressions claires, nettement ritua-

tous les lieux et de tous les temps ordonne à ce ministère « ceux qu'elle veut ». Elle le fait en appelant sur eux l'effusion de l'Esprit (11).

Dans le fait de l'Institution des Douze est attesté que l'homme UN peut advenir dans la diversité des identités personnelles. Cet acte du Christ fait advenir l'HOMME (au singulier) dont Dieu a dit « Qu'ils dominent ! » (au pluriel). Le pouvoir de Dieu se déploie dans l'intervention où s'enracine le ministère ordonné comme pouvoir qui rejoint l'homme à la racine même de son désir. Le ministère ordonné introduit au sein du monde des hommes le dynamisme capable de faire ce monde UN par la convergence avec le pouvoir du Père de tous les pouvoirs qui sont en tous les humains ne faisant qu'UN dans le tout humain.

***

La prise en compte que l'Eglise est une institution au sens sociologique et au sens théologique permet de préciser la raison d'être des ministères ordonnés. Cette raison d'être naît de l'écart entre une société humaine qui assure son existence en se donnant un appareil et cette même société recevant son existence de la puissance de l'Esprit qui en rassemble les membres.

L'écart est tel entre ces deux extrêmes qu'une médiation était

---

lisées, et désignées par un terme précis (*cf.* Maurice VIDAL dans *Le ministère et les Ministères dans le Nouveau Testament*, p. 483-491).

(11) Cette effusion de l'Esprit est demandée par l'Eglise à travers le rite de l'imposition des mains. D'après la Tradition d'Hippolyte, les chrétiens, même esclaves, qui avaient enduré des châtiments pour le Christ, étaient admis à présider l'Eucharistie sans que l'imposition des mains ait eu lieu. Faut-il voir un lien entre cette pratique et les textes d'Isaïe concernant le serviteur « châtié » ? (Is 53, 4) Le fait d'endurer le martyre était-il considéré comme une preuve que l'Esprit de force avait été donné directement par Dieu ? (*Cf.* note 1, p. 127.) Le fait est que cette pratique ne s'est pas maintenue. Elle n'a d'ailleurs pas été générale. Cyprien, à Carthage, n'admettait pas que les martyrs entrent dans le groupe des « presbytres » sans recevoir l'imposition des mains de la part de l'évêque. Il leur reconnaissait seulement le droit de n'être pas assujettis à l'enquête préalable (*cf.* « Ministères et célébration de l'Eucharistie », *Studia Anselmiana*, n° 61, p. 181 à 209).

nécessaire pour donner visage à l'existence sociale de l'Eglise en tant que cette existence est don de Dieu. C'est pour assurer cette médiation que des membres de l'Eglise sont ordonnés par elle. Il leur incombe de faire prévaloir dans l'Eglise le type de pouvoir qui assure l'unité en Dieu. Une telle responsabilité échappe à toute définition de rôles et de fonctions.

Il nous faut toutefois chercher à en cerner le contenu en l'observant dans sa mise en œuvre concrète.

QUATRIEME PARTIE

Les ministères ordonnés

CHAPITRE PREMIER

LES MINISTERES ORDONNES COMME MINISTERES DU CORPS

La tradition de l'Eglise connaît deux ministères ordonnés :

— le ministère épiscopal, avec la participation à ce ministère qu'est le ministère presbytéral (1) ;

— le ministère diaconal (2).

Dans cette réflexion sur les ministères ordonnés une première étape visera surtout à souligner comment ces

(1) C'est en ce sens qu'il est dit parfois que dans la communauté ecclésiale le prêtre est « du côté de l'évêque ». Il serait pitoyable que cette formule soit comprise comme évoquant la dialectique du Maître et de l'Esclave. Cette formule ne divise pas l'Eglise en deux camps (évêque et fidèles) en sommant les prêtres de prendre automatiquement le parti de l'évêque. Elle veut dire que la distinction entre ministère presbytéral et ministère épiscopal est secondaire par rapport à la distinction entre le ministère ordonné et le ministère commun à tous les membres de l'Eglise.

(2) Nous ne traiterons pas dans ces pages du ministère diaconal. Soulignons cependant que ce ministère n'existe peut-être que pour rappeler le ministère épiscopal à ce qui est sa consistance ultime : le fait d'être une *diaconie*. La présence du diacre auprès de l'évêque rappelle à celui-ci que sa fonction de présidence doit être remplie comme un service. La présence du diacre dans l'Eglise rappelle à l'Eglise qu'elle est au sein du monde pour une « diaconie » en vue du salut du monde. La disparition du diaconat permanent avait peut-être privé l'Eglise et les évêques de ce salutaire rappel. Tel qu'il était vécu dans l'Eglise catholique, le diaconat était seulement l'étrier où mettre le pied pour avoir droit plus tard à faire cavalier seul. La situation présente où le diaconat est perçu comme moyen de suppléer au nombre insuffisant de prêtres ne vaut guère mieux. Aussi doit-on donner beaucoup de prix à toutes les recherches et démarches qui visent à une restauration du diaconat respectant ce ministère ordonné en sa consistance propre (*cf.* la revue *Communion et Diaconie*).

ministères ordonnés sont les ministères de tout le Corps ecclésial. On aborde par là ces ministères dans une problématique où les questions brûlantes d'aujourd'hui ne deviennent ni des questions taboues ni des questions vidées de leur sens.

LE MINISTERE ORDONNE COMME SERVICE ET RAPPEL DE LA STRUCTURE TRINITAIRE DE L'EGLISE

C'est en référence aux trois fonctions royale, prophétique et sacerdotale comme structure trinitaire de l'Eglise que nous cherchons d'abord à préciser ce qu'est le ministère ordonné.

Un ministère qui renvoie au pouvoir du Père

Le ministère presbytéral (et donc le ministère épiscopal) se rattache à la fonction royale.

Cette fonction royale, comme la fonction prophétique et la fonction sacerdotale, est une fonction de tout le Corps ecclésial. Ce Corps est en effet formé de membres libres. Il est donc appelé à se gouverner lui-même librement comme se gouverne librement le Dieu Trinité.

Le propre du ministère presbytéral est de donner un visage personnel concret à l'exercice de cette fonction royale par laquelle le Corps ecclésial se gouverne lui-même. Il est vrai que le mot *prêtre* fait spontanément penser à la fonction sacerdotale. Et cependant, ce n'est pas à l'exercice d'une fonction sacerdotale que les prêtres sont ordonnés : leur ordination est une ordination au presbytérat (prêtre se dit en grec *presbyteros*, ce qui veut dire « ancien »). C'est une ordination qui les fait garants de l'unité du groupe ecclésial, par la charge de faire que le groupe se gouverne lui-même selon l'Esprit.

Le ministère presbytéral et épiscopal existe pour que soit donné un visage personnel concret à l'exercice de la fonction royale par laquelle le Corps ecclésial se gouverne. Il y a là une affirmation primordiale au sujet de l'Eglise car cette affirmation renvoie l'Eglise à sa source qui est le mystère trinitaire.

Le Corps ecclésial peut, du point de vue sociologique, se donner les types de gouvernement qui lui conviendront le mieux. Il ne s'en est pas fait faute dès les origines, selon les cultures où s'implantait l'Eglise. Il se donnait ainsi les moyens de fonctionnement que la sociologie repère et analyse.

Mais en tant qu'il est une institution au sens théologique du terme, existant par la seule intervention de Dieu en Jésus-Christ, le Corps ecclésial doit se gouverner nécessairement par la médiation d'une conscience personnelle (3). Prémices de l'homme qui sera à l'image et ressemblance de Dieu, le Corps ecclésial vérifie son « Nous » collectif de Corps par la médiation du « Je » personnel de l'un de ses membres. Le ministère ordonné met ainsi le Corps ecclésial en référence au mystère trinitaire où le « Nous » des trois personnes divines se reconnaît dans l'unique volonté du « Je » qu'est la personne du Père.

Cette référence au mystère trinitaire fait du ministre ordonné le membre du Corps responsable de la manière dont le Corps se gouverne. L'ordination n'habilite pas le ministre ordonné à gouverner le Corps ; en Dieu, la personne du Père ne gouverne ni le Fils, ni l'Esprit...

Le fait d'être responsable de la manière dont le Corps se gouverne implique cependant un pouvoir. Sans un pouvoir, cette responsabilité serait illusoire. Faut-il dire que le prêtre détient un « pouvoir sacré » ?

Enoncée en de tels termes, la question est source d'ambiguïtés.

Si on répond « Oui », l'interlocuteur peut comprendre que le prêtre est un homme qui dispose de pouvoirs sur d'autres personnes ; ces personnes s'en trouvent réduites à l'état de

---

(3) Qui dit « pastoral » dit nécessairement « conscience personnelle ». C'est à juste titre que Vatican II rassemble sous le mot « pastorat » toutes les fonctions du ministère presbytéral et épiscopal (LG, 18 ; CPE 8, 28 ; MVP 13, 14).

sujets. Mais parler de sujets ne peut s'entendre que dans le cadre d'une institution sociologique. L'expression « pouvoir sacré » confère alors à l'institution sociologique la caution du sacré. Toutes les perversions deviennent possibles !...

Si on répond « Non », l'interlocuteur peut comprendre qu'il n'existe aucune différence pratique entre les fidèles et le ministre ordonné. Il en concluera tout naturellement qu'il est bien superflu d'ordonner des ministres. On se retrouve avec tous ceux pour qui les chrétiens ont reçu une ordination égale, du simple fait de leur baptême. La question des ministères ordonnés ne se pose plus.

Pour poser sainement la question du « pouvoir sacré » chez le prêtre, il faudrait préciser d'abord qu'on entend parler de l'Eglise uniquement comme institution au sens théologique. La réponse peut alors être « Oui » sans qu'on s'expose à sacraliser la personne du prêtre ni à réduire qui que ce soit à la condition de sujet.

Si en effet on envisage l'Eglise comme institution au sens théologique, le « pouvoir sacré » que détient le prêtre renvoie tous les membres du Corps ecclésial à la personne du Père de qui tous tiennent une égale liberté. Le visage personnel du ministre ordonné rappelle à tous que le Corps doit se gouverner lui-même dans cette liberté de tous ses membres. Reconnaître ce visage, c'est dire qu'on a tous fait son deuil de l'absence du Père. Inutile de s'adresser à lui pour savoir ce qu'on doit faire.

Une déviation piétiste a voulu faire du prêtre le « représentant du Père ». En rigueur de termes, c'est le contraire qui est vrai. Exercé par un membre du Corps frère parmi des frères, le ministère presbytéral ne rend pas le Père présent. Il renvoie le Corps au pouvoir du Père présent dans le Corps. Ce pouvoir, selon le don fait à chacun, est en chaque membre du Corps en même temps que dans le Corps en son entier. C'est pour la mise en œuvre de ce pouvoir que le prêtre a été ordonné. Son ordination permet à tous les membres de se reconnaître en lui pour un exercice du pouvoir de tous en tant que Corps. Le ministère du prêtre fait ainsi exister, au moins pendant le temps des célébrations sacramentelles, l'HOMME (singulier) dont Dieu a dit : « Qu'ils dominent ! » (au pluriel). Pendant quelques instants est anticipé l'avènement de l'HOMME où *tout humain* exercera le pouvoir dans un *tout humain* exerçant le pouvoir également (4).

La mise en œuvre d'un « pouvoir sacré » par le prêtre n'est donc pas d'ordre sociologique. Elle fait référence au mystère trinitaire. Par elle se comprend la place du ministère ordonné au niveau des fonctions prophétique et sacerdotale.

UN MINISTÈRE QUI ASSURE L'EXERCICE UNITAIRE DES FONCTIONS PROPHÉTIQUE ET SACERDOTALE

Parler des fonctions prophétique et sacerdotale, c'est retrouver les deux pôles de la structure de l'Eglise par où le Corps ecclésial présente quelque chose des traits de Dieu en tant que Dieu est Verbe et Esprit. Par ces deux fonctions, l'Eglise est un lieu humain d'expression et de communion.

Il n'est pas inutile d'insister sur le fait qu'il n'y a pas de ministères ordonnés à l'exercice de la fonction prophétique et de la fonction sacerdotale. Ce fait donne à penser qu'il existe une analogie entre la place du ministère ordonné dans la structure trinitaire de l'Eglise et la « position » que la théologie reconnaît au Père dans la structure trinitaire du mystère de Dieu. On ne peut parler du Fils et de l'Esprit qu'en référence au Père. Seul le Père, source dernière de l'être divin, se dit à partir de lui-même. Il est la « position » à partir de laquelle s'ordonne tout le mystère de VIE (5).

Comme la fonction royale, les fonctions prophétique et sacerdotale appartiennent à tout le Corps. C'est l'ensemble du peuple

---

(4) Dans cette perspective, on percevra mieux l'ambiguïté de la revendication d'un « partage du pouvoir » dans l'Eglise. Le prêtre (l'évêque) n'a pas à partager son pouvoir : ce pouvoir n'est pas à lui ! Il a l'obligation grave de reconnaître et de promouvoir l'exercice par tous les membres du corps du pouvoir qui est en eux. Le curé omnipotent en dehors de qui nul doigt ne bouge n'est pas coupable de ne pas partager le pouvoir ; il est coupable de s'être arrogé tout pouvoir.

(5) Sur cette « position » du Père (en un sens analogique, bien sûr !) je renvoie à mon article « Le POUVOIR du Prêtre » dans la revue *Vocation* (n° 282, avril 1978, p. 163 et *sq.*).

de Dieu qui est prophétique ; c'est l'ensemble du peuple de Dieu qui est sacerdotal.

Cette affirmation est communément reçue parmi les chrétiens en ce qui regarde la fonction prophétique ; on a plus de mal à l'admettre en ce qui regarde la fonction sacerdotale. Le « sacerdoce » catholique joue ici le rôle d'écran.

Depuis Vatican II, les catholiques ont assez bien pris conscience du contenu des questions que posèrent à l'Eglise en ce domaine les Réformateurs du XVIe siècle. On s'est mis à parler couramment du « sacerdoce commun » des fidèles. Mais cette formule, directement traduite du latin, est lourde d'inconvénients. On y utilise l'adjectif « commun ». Cet adjectif veut dire : « Qui appartient à tous ». Mais il est également compris au sens de « banal », « secondaire », « de moindre qualité », « de degré inférieur »... Comprendre la formule « sacerdoce commun » en ce second sens est certainement contraire à la vérité.

Comme la Réforme l'a rappelé et comme Vatican II l'affirme, il y a un « sacerdoce commun » en ce sens que le peuple de Dieu tout entier est investi de la fonction sacerdotale. Cette fonction a été exercée par Jésus-Christ dans toute son existence et, très particulièrement, dans l'offrande qu'il a faite de lui-même, sous l'impulsion de l'Esprit, lors de l'événement de la croix (*cf.* Hé 9, 14). Tous les fidèles exercent chacun pour sa part cette fonction sacerdotale à tout moment de leur vie en offrant leur existence, c'est-à-dire en s'appliquant à vivre sous l'impulsion de l'Esprit ce qui leur est donné à vivre (*cf.* Hé 13, 14-15 ; Rm 15, 15-16 ; 6, 13).

Mais lorsque des baptisés veulent remplir cette fonction sacerdotale dans la démarche où elle culmine comme offrande de tout le Corps ecclésial s'offrant à Dieu avec Jésus-Christ sa tête, ils ne peuvent le faire qu'en agissant en tant que Corps ecclésial en son entier. Seul le Corps ecclésial en son entier peut poser un acte dans lequel Jésus-Christ sa tête est impliqué. L'attestation qu'ils agissent comme « Corps ecclésial en son entier » ne peut pas venir à des baptisés à partir de leur seule décision propre. Elle ne peut leur venir que du Corps ecclésial lui-même. C'est là ce que réalise l'ordination au ministère presbytéral. Cette ordination investit une conscience personnelle pour répondre devant le Père que le groupe rassemblé pour la célébration eucharistique reconnaît exister comme groupe par le don de l'Esprit et par rien d'autre (6).

C'est pourquoi le ministère presbytéral est indispensable à toute communauté d'Eglise (vaste ou restreinte) pour que la fonction prophétique et la fonction sacerdotale y soient exercées dans l'acte où ces fonctions, surtout la seconde, atteignent à leur sommet : l'Eucharistie. Le ministre ordonné est garant qu'en cet acte l'exercice des fonctions sacerdotale et prophétique est l'affaire du Corps ecclésial en son entier (7).

Le fait qu'il ne peut pas y avoir d'Eucharistie sans prêtre (sans évêque) tient ainsi à l'unité trinitaire des fonctions messianiques. Les deux fonctions prophétique et sacerdotale du Corps ecclésial ne sauraient s'exercer en leur plénitude qu'est l'Eucharistie, indépendamment de la fonction royale. Par le ministère ordonné, garant de l'exercice de cette fonction royale, le Corps ecclésial se garantit à lui-même la manière dont il dispose de lui-même (8).

---

(6) Ce point est l'un de ceux où l'on a le plus de mal à tenir un langage sans ambiguïté. Le sentiment d'unanimité (occasionnelle ou idéologique) a souvent été pris depuis 1968 pour un critère d'authenticité des rassemblements de croyants ; et l'on a soumis à ce critère la vérité des rassemblements eucharistiques. A la référence au don de l'Esprit qui rassemble, on substitue la référence à une idée, un intérêt ou un projet communs. Rien d'étonnant si le ministère ordonné devient alors inutile puisqu'il signifie ce à quoi on a cessé de croire. Mais y a-t-il encore là un rassemblement d'Eglise ?

(7) C'est ce que signifiait le mot « *synaxe* » employé chez les Grecs pour désigner l'eucharistie. A travers ce mot était dit que c'est par les membres du Corps formant un TOUT que l'eucharistie est célébrée.

(8) Pour le dialogue avec les protestants il n'est pas sans intérêt de noter que la contestation des Réformateurs portait sur l'existence d'une « prêtrise » à contenu prioritairement sacerdotal. Le problème que posait cette contestation s'enracinait peut-être bien plus dans les catégories nées de la rivalité entre le Sacerdoce et l'Empire que dans l'influence du vocabulaire sacerdotal emprunté par l'Eglise primitive aux religions païennes. Sous cet aspect, le débat inauguré par les Réformateurs n'était pas sans un certain parallélisme avec les problèmes qui ont agité le judaïsme avant la venue de Jésus. L'attente messianique était vécue avec des divergences quant à la mise en œuvre des trois fonctions messianiques (voir la note p. 81). En instaurant un unique ministère ordonné de type royal, la communauté chrétienne prolonge le courant du judaïsme qui attendait un seul Messie (et non trois) et donnait à ce Messie le nom de « Roi

En ce sens, le ministère presbytéral est un ministère de vigilance : veiller sur le Corps ! C'était de vigilance qu'il s'agissait pour ceux qui, dans les Eglises primitives, inventèrent et retinrent le mot « *épiscopos* » d'où nous est venu le mot évêque. Mais pour caractériser ce qui est prioritairement attendu du ministère ordonné, le vocabulaire théologique moderne emploie volontiers le mot « présidence ».

Un ministère de présidence qui rappelle a l'Eglise sa propre structure trinitaire

Les présidents ont succédé aux rois dans les Etats où le pouvoir s'est démocratisé. Mais le changement dans les mots n'entraîne pas nécessairement un changement dans les mœurs. Le mot présidence s'accompagne de résonances qui évoquent des images de Salle du Trône plus que des images d'égalité.

On comprend dès lors que le mot présidence ait été plutôt répudié dans le langage ecclésiastique des années qui ont immédiatement suivi Vatican II ; on lui préférait des termes tels que compagnonnage ou accompagnement.

C'est le problème du ministère du prêtre et de sa place dans la célébration eucharistique qui a redonné au mot présidence son crédit actuel dans le langage théologique. Ce crédit se fonde sur le principe mis en valeur par les travaux du P. H. Legrand : « Celui qui préside à l'Eglise préside à l'Eucharistie ».

Encore faut-il être attentif à faire une application correcte de ce principe ! Cela demande qu'on ne mélange pas le sociologique et le théologique et surtout qu'on ne confonde pas la théologie avec la dynamique de groupe, l'animation d'assemblée ou la psychologie sociale...

---

d'Israël » (fils de David) en lui reconnaissant l'exercice des fonctions prophétique et sacerdotale en dépendance de sa fonction royale. L'institution du « pastorat » (fonction royale) supplantant une prêtrise (comprise au sens de fonction sacerdotale) montre la justesse de l'intuition première d'un Calvin (voir Jean-Jacques von Allmen : « Le ministère des anciens », dans *Ministères et laïcat,* Presses de Taizé, p. 227-240).

Du principe que « celui qui préside à l'Eglise préside à l'Eucharistie » certains ont conclu que quiconque exerce de fait un rôle d'animateur de communauté ecclésiale devrait être habilité (par l'ordination ou autrement) à présider l'Eucharistie de cette communauté. Ceux qui raisonnent ainsi fonctionnent, à leur insu sans doute, dans le cadre suranné d'un « pouvoir sacerdotal ». Ils revendiquent ce pouvoir sacerdotal pour quiconque a fait ses preuves dans l'animation d'une communauté.

Animer une communauté et présider l'Eglise n'est pas la même chose. Présider l'Eglise c'est attester pour une communauté qu'elle existe comme Eglise. Remplir une telle fonction ne vient ni de l'aptitude à animer, ni du dévouement avec lequel on y travaille. Remplir cette fonction n'est possible qu'à celui qui en a reçu le pouvoir par l'ordination presbytérale. Ayant reçu ce pouvoir de présider l'Eglise, il peut présider l'Eucharistie sans avoir besoin qu'un pouvoir sacerdotal lui soit conféré. L'ordination qui confèrerait ce pouvoir sacerdotal n'existe pas dans l'Eglise.

C'est parce qu'on a été ordonné à présider l'Eglise qu'on est habilité à présider l'Eucharistie. Penser les choses en sens inverse aboutit à retrouver l'idée d'une ordination où se transmettrait un pouvoir de type magique (9). Si le rôle du prêtre dans la célébration de l'Eucharistie échappe au reproche de magie, c'est parce que ce rôle consiste à présider à l'Eglise, c'est-à-dire aux relations que l'Esprit instaure entre les membres de la communauté ecclésiale en faisant de ces membres un

---

(9) A la suite du Concile de Trente, la théologie catholique a utilisé l'expression « pouvoir sacerdotal ». On peut le regretter en raison de l'ambiguïté de l'expression et parce que cette expression favorise une interprétation des sacrements de type magique. Par contre on ne peut pas récuser l'expression de « sacerdoce ministériel ». La formule est même heureuse, sous réserve que l'adjectif ministériel reste bien un adjectif. On veut alors dire que le sacerdoce de Jésus-Christ, commun à tous les membres de son Corps, est exercé par des ministres pour les actes qui engagent l'Eglise entière. La formule « sacerdoce ministériel » devient toutefois équivoque lorsque les distinctions signifiées par les deux adjectifs « commun » et « ministériel » sont remplacées par les distinctions portant sur le sacerdoce lui-même (degré, nature...). Les deux adjectifs retenus pour exprimer deux modes différents d'exercice du sacerdoce sont interprétés comme signifiant des degrés d'être. Cette surenchère est en dehors de la vraie question.

seul Corps. C'est pour cette présidence à des relations qu'un membre de l'Eglise est qualifié quand l'ordination investit ce membre pour le ministère presbytéral.

C'est dire que le ministère ordonné, en tant qu'il est ministère de présidence, ne transforme aucunement en sujets les fidèles auprès de qui il s'exerce.

Celui qui préside à l'Eglise ne préside pas aux personnes qui forment l'Eglise ; il préside à la communion instaurée entre les personnes par l'action de l'Esprit qui les rassemble. Sa présidence ne lui donne aucun pouvoir sur les personnes. Elle fait seulement de lui le garant de la mise en œuvre du pouvoir par lequel le Père fait advenir dans l'Eglise de son Fils les prémices de l'homme en investissant des hommes par son Esprit.

On voit aujourd'hui assez couramment des prêtres répugner à occuper dans l'assemblée eucharistique une place significative. Cette place *à part* leur semble aller à l'encontre de l'exigence d'égalité entre fils de Dieu qui ont tous reçu un même baptême. Du point de vue de cette égalité à affirmer, leur choix est parfaitement logique. Mais il reste que c'est un choix aberrant du point de vue du *signe* pour lequel ils ont été ordonnés. La fonction de présidence que remplit le prêtre dans la célébration eucharistique ne consiste de sa part ni à se faire voir ni à s'arranger pour être vu le moins possible. Elle consiste à faire que l'Eglise qu'il préside *donne à voir le Père* en étant un *lieu humain* où le pouvoir se déploie à la manière dont il se déploie dans le mystère trinitaire.

***

« Qui me voit, voit le Père... »

Ainsi parlait Jésus. L'Eglise est au milieu des hommes le prolongement du ministère de Jésus-Christ donnant à voir le Père.

Cette responsabilité incombe à tous ceux qui sont l'Eglise et à toute l'Eglise. Mais elle ne peut pas être assurée par les membres de l'Eglise et par l'Eglise sans la présence dans l'Eglise du ministère ordonné. Par ce ministère, l'Eglise tout entière est renvoyée à sa propre structure trinitaire. C'est la grandeur de la mission reçue en leur conscience personnelle par les baptisés que l'Eglise a investis du ministère ordonné (10).

L'IDENTITE DU PRETRE DANS LA COHERENCE DU MINISTERE QUI EST LE SIEN

L'identité du prêtre est l'un des problèmes sur lesquels on a le plus de mal à faire la clarté.

Comme beaucoup de travaux l'ont établi ces derniers temps, ce problème de l'identité du prêtre est rendu difficile à aborder en raison de l'interférence entre ce qui tient au ministère presbytéral et ce qui tient à un état de vie fait de composantes difficiles à démêler : le célibat, la cléricature... un rôle social s'accompagnant de connotations, ici de notabilité, là de non-reconnaissance.

Dans la recherche que nous entreprenons ici, nous parlerons

(10) Les considérations développées au long de ce chapitre laissent intact le problème que pose, en des régions comme l'Afrique et l'Amérique latine, l'impossibilité pour de nombreuses communautés chrétiennes de célébrer l'Eucharistie faute de ministre ordonné pour la présider. Laisser durer cet état de choses ne peut se fonder que sur des raisons graves. Si ces raisons graves sont seulement le souci de garder sauves les filières de préparation au ministère ordonné en usage depuis quelques siècles seulement, on est en droit de s'étonner. N'est-ce pas refuser de reconnaître des situations à travers lesquelles Dieu parle ? Entendra-t-on à travers ces situations ce que l'Esprit dit aux Eglises ? On peut, bien entendu, se consoler en pensant que Dieu a soumis l'Eglise aux Sacrements, mais ne s'y est pas lui-même soumis. Il est alors loisible d'inviter ces chrétiens à organiser des célébrations dominicales en l'absence du prêtre afin de recevoir directement de Dieu ce que le Sacrement devrait opérer en eux. Mais faire ce raisonnement quand on a soi-même la possibilité de célébrer tous les jours l'Eucharistie sans même sortir de chez soi ne relève-t-il pas du péché contre le Saint-Esprit ? La gravité de cet état de choses est qu'il contribue à accréditer l'idée que des baptisés, en l'absence du prêtre, devraient avoir le droit de célébrer l'Eucharistie sans ministre ordonné. C'est tout ce qu'on gagne actuellement à prolonger une situation qui ne diffère en rien d'une injustice.

de l'identité du prêtre en référence au ministère qui est le sien dans l'Eglise : le ministère presbytéral.

UN VISAGE D'HOMME QUI EST « CHAIR DE LA CHAIR » DU CORPS

Pour la communauté où il est appelé à exercer son ministère, le prêtre est un visage concret : quelqu'un qui a un nom. C'est un membre du Corps. Mais tous dans le Corps reconnaissent son visage comme visage en qui leur est dit qu'ils sont un Corps.

Le prêtre est du Corps.

Dans le langage actuel, on dira plus communément que le prêtre, lui aussi, est du peuple de Dieu. On souligne par là que son histoire s'inscrit dans l'histoire d'un ou de plusieurs collectifs humains.

Dire que le prêtre est du Corps, c'est souligner que sa nature n'est pas d'une nature différente de celle des autres hommes. Il est « chair de la chair » de ceux auprès de qui son ministre s'exerce.

Ce fait requiert de sa part une solidarité effective avec les hommes et les femmes dont il est « le prêtre ».

Il est assez secondaire que cette solidarité soit originelle (même pays, même classe sociale...) ou qu'elle soit le résultat d'une situation, d'un choix (pays étranger, milieu différent...). L'important est que cette solidarité soit *effective.* Si cette solidarité est effective, elle entraînera des choix en ce qui regarde les conditions de vie (11). Comment le prêtre serait-il pour le Corps un visage concret dans lequel l'ensemble du Corps se reconnaît si son mode de vie, ses références culturelles, son langage... font de lui un étranger ? Ceux auprès de qui s'exerce le ministère d'un prêtre doivent pouvoir reconnaître ce prêtre comme un frère.

Cependant, il ne suffit pas d'avoir le même mode de vie,

(11) Lire par exemple les pages 58-59 dans *Des prêtres parlent* (Les Editions ouvrières).

les mêmes références culturelles et le même langage pour être un frère parmi des frères.

Le problème de l'identité du prêtre apparaît ici dans sa complexité.

Cette complexité peut se saisir à travers la position du prêtre dans l'assemblée chrétienne. Le prêtre, en effet, est à la fois un membre de l'assemblée et un « vis-à-vis » par rapport à elle.

Quand la parole retentit dans l'assemblée, le prêtre est un membre comme tous les autres membres : auditeur ! Quand l'assemblée « fait » l'Eucharistie, le prêtre est « signe » que l'assemblée agit comme Corps posant des actes qui sont ses actes de Corps.

Cette position est à la fois énigme et leçon.

Dans sa position énigmatique, le prêtre permet à l'assemblée de « donner à voir » ce vers quoi le monde des hommes tend et que le monde des hommes n'est pas encore : l'état de choses où sera enfin vérifiée la Parole de Dieu : « Faisons l'homme » (au singulier)... « qu'ils dominent ! » (au pluriel).

Par la présence du prêtre en « vis-à-vis », l'assemblée est l'HOMME (au singulier) : le partenaire unique voulu à son image et comme sa ressemblance par le Dieu unique. Par la présence du prêtre en son sein comme membre du corps parmi les autres membres du corps, l'assemblée est « les hommes » (au pluriel) : une multitude où chaque être est unique à égalité avec tous les autres parce que tous, à égalité, sont à l'image et ressemblance du Dieu unique.

Ainsi le visage d'homme qu'est le prêtre permet-il à l'assemblée chrétienne de symboliser le double visage, individuel et collectif, sous lequel l'homme en désir d'advenir doit se vouloir et se réaliser. Cette assemblée est *déjà*, pour le temps de ses célébrations, ce que l'humanité veut devenir et qu'elle n'est *pas encore*.

Pour remplir un tel rôle dans l'existence de l'assemblée, le prêtre doit se vouloir chair de la chair du corps bien au-delà de la simple solidarité dans le genre de vie, les références culturelles et le langage. Pour que le prêtre soit simultanément le visage en qui le Corps se reconnaît comme Corps et un membre du Corps, à égalité avec les autres membres, il doit se vouloir simultanément « pleinement lui-même » et « pleinement dessaisi de lui-même ». Seul un tel vouloir rend possible au prêtre de se rejoindre lui-même dans son identité de prêtre.

L'expérience montre que des prêtres qui se rejoignaient ainsi eux-mêmes dans leur identité de prêtres ont été reconnus comme prêtres par des hommes ou des femmes dont tout les séparait du point de vue de l'origine, du mode de vie, des références culturelles et du langage. De grands aristocrates ont été reconnus comme prêtres en classe ouvrière par des militants ouvriers. Un Allemand, l'abbé Stock, a été reconnu sans hésiter comme prêtre par les Français que la police allemande enfermait, torturait et exécutait à la prison de Fresnes... Par contre bien des prêtres qui exercent le ministère parmi des gens de leur race et de leur milieu, loin de s'y comporter en frère parmi des frères, donnent l'impression d'être des « gens d'une autre race ». Ils ne se sont pas rejoints eux-mêmes en leur identité de prêtres.

Par cette identité, le prêtre est membre du corps sans être pourtant n'importe quel membre dans le corps. Son visage dit au Corps ecclésial que son existence comme Corps ne lui vient pas de la simple addition, juxtaposition et même organisation de ses membres. Le Corps existe comme Corps par la puissance de *Quelqu'un d'autre*. Le ministère du prêtre dit à la communauté ecclésiale qu'elle n'existe pas par sa propre vertu ni par la vertu des vertus de ceux qui s'y trouvent rassemblés. La communauté ecclésiale n'existe que par l'Esprit qui la fait exister : elle est donnée à elle-même.

Dans le Corps ecclésial, le prêtre est comme le « stigmate » de la précarité d'un rassemblement que la puissance de Dieu pouvait seule opérer. Si le prêtre se confondait dans le Corps jusqu'à ne plus se distinguer du Corps, le Corps pourrait oublier qu'il tient d'un autre son existence ; il pourrait s'imaginer être déjà, par lui-même, l'homme advenu.

L'existence du ministère ordonné préserve le Corps de s'abandonner à cet oubli. A travers le prêtre, le Corps dispose d'une « mémoire » qui le maintient dans la logique de sa véritable identité.

Un visage d'homme qui est mémoire vivante inscrite dans la chair du Corps

La tradition théologique la plus commune fait remonter l'institution du sacrement de l'Ordre aux paroles du Christ : « Faites ceci en mémoire de Moi ! ».

A travers cette tradition, le ministère presbytéral peut se définir comme un ministère de mémoire. Mais ce ministère de mémoire ne consiste pas seulement à stocker et conserver des données sous la forme de quelques souvenirs : il s'agit d'une mémoire sans laquelle le Corps ne peut continuer à se construire selon sa propre identité.

Nous sommes familiarisés aujourd'hui avec la notion de « mémoire active » qui produit les opérations dont on a établi le programme. La biologie nous a appris à reconnaître dans le code génétique de l'ADN une mémoire où sont programmés les développements ultérieurs de tout être vivant.

Ces comparaisons peuvent nous aider à nous préciser ce qu'est le ministère du prêtre en tant que le prêtre est celui qui « fait mémoire ». Nous percevons mieux le sens de ce qu'explique l'apôtre Paul en disant aux Ephésiens que le Corps ecclésial « se construit lui-même » (Ep 4, 16). Cette construction se fait par le déploiement des énergies de l'homme et des énergies de Dieu. Leur « synergie » est dynamisme de l'Esprit. Ce dynamisme « organise les Saints pour l'œuvre dont ils doivent se faire les serviteurs » (Ep 4, 12). « Organiser » suppose une information qui programme en quelque sorte les développements à prendre. Mais cette information doit exister comme mémoire inscrite dans la chair du Corps ecclésial. Sans quoi, le Corps se construirait par un dynamisme totalement extérieur à lui-même. Il serait le fruit d'une intervention de type magique ! L'homme qui adviendrait au terme de cette mise en œuvre ne serait pas le fruit de son propre engagement dans l'existence. Ecrite par un autre, l'histoire de son Salut ne serait pas sa véritable histoire.

Exercé par des membres du Corps qui sont « chair de la chair de ce Corps », le ministère presbytéral est l'inscription dans le Corps de la « mémoire » sans laquelle ce Corps ne se construirait pas selon l'identité qui est la sienne.

Par cette « mémoire », le Corps ecclésial se construit en persévérant dans l'identité qui lui vient de Celui qui lui a donné naissance : Jésus-Christ. Les développements qu'il prend restent en cohérence avec ses origines et avec les développements déjà effectués au long des siècles écoulés. Le prêtre fait mémoire du Christ pour chaque membre du Corps en faisant mémoire du Christ pour tout le Corps. Son ministère anime la persévérance de chaque membre dans l'identité collective du Corps parce qu'il est exercé comme ministère de tout le Corps.

Ce n'est donc pas en raison de sa vertu, de sa piété, de sa science (encore que ces éléments ne soient pas à dédaigner !) que le prêtre remplit son ministère de mémoire. C'est en raison du fait qu'il est prêtre. Il a été ordonné à faire mémoire de Celui-là seul qui peut faire que le Corps existe, s'accroisse et atteigne à la plénitude de sa taille selon son identité de Corps : Jésus-Christ !

La manière dont le Corps se construit en persévérant par le ministère du prêtre dans son identité de Corps ecclésial ne relève en rien de la magie. En effet, le prêtre agit comme mémoire pour le Corps à la mesure de l'accueil de son ministère de la part des membres du Corps. Cet accueil est l'acte de foi sans lequel se dissoudrait leur existence comme Corps.

La foi qui a donné existence au Corps conduit les membres du Corps à demander au prêtre de « faire mémoire ». La foi dans laquelle le prêtre a reçu l'ordination dans le Corps lui permet de « faire mémoire » pour tous les membres du Corps. Il y a réciprocité dans la foi. Par la foi, les uns et les autres se font grandir dans l'identité du même Corps dont tous sont membres. La foi les structure les uns et les autres selon la même mémoire d'un même Corps parce que la foi de l'Eglise entière a « ordonné » le prêtre à ce ministère.

L'identité du prêtre ne se tire pas des choses qu'il fait comme animateur, chef, leader ou meneur d'une communauté. C'est de l'investissement par l'Esprit reçu dans l'ordination que le prêtre tire son identité véritable. Etre mémoire pour le Corps, en vue de la construction du Corps, ne lui vient pas de lui-même. Et cependant, c'est là ce qui le fait être lui-même plus que tout le reste de lui-même !

L'ordination au ministère de mémoire se fait en appelant sur le prêtre l'effusion de l'Esprit. Il incombe donc au prêtre de s'interroger sans cesse sur sa disponibilité à l'Esprit s'il veut remplir correctement son ministère.

Un visage d'homme qui renvoie l'Eglise à sa propre chair qui est le monde

La disponibilité du prêtre à l'Esprit pour l'exercice de son ministère de mémoire fait du prêtre, pour l'Eglise, un vivant rappel que l'avènement de l'homme est le but de son propre ministère en tant qu'Eglise. Si le ministère presbytéral (épiscopal !) est vécu dans la disponibilité à l'Esprit, il renverra toujours le Corps ecclésial à l'HOMME à VENIR dont ce Corps ecclésial est seulement les « prémices ».

Le pouvoir du Père n'a pas été remis par Jésus-Christ à son Eglise en vue de la bonne marche de l'Eglise. Ce pouvoir du Père a été mis en œuvre par Jésus-Christ pour qu'avance la marche vers l'avènement de l'homme. Et Jésus-Christ l'a remis à son Eglise pour qu'elle le mette en œuvre en vue de l'avènement de l'homme elle aussi. C'est dire que le ministère presbytéral ne s'accomplit que par l'accomplissement du ministère de l'Eglise. Il ne s'agit pas de faire exister au sein du monde des communautés ecclésiales bien tenues et solidement gouvernées... Il s'agit de faire qu'existent au sein du monde des communautés ecclésiales en qui les hommes puissent reconnaître les « prémices » de l'HOMME que leur propre mouvement les porte à désirer devenir.

Le ministère presbytéral doit permettre au Corps ecclésial de se présenter au monde des hommes comme un Corps dont les membres sont rassemblés ensemble sans rien perdre de ce qui fait la liberté de chacun. Par son ministère, Jésus-Christ a libéré ceux qui ont cru en lui. Se dessaisissant de tout pouvoir sur eux, il a permis que devienne vraie au sujet de chacun d'eux la Parole de Dieu sur l'homme : « Qu'ils dominent !... » C'est pour cela et en cela que Jésus-Christ a vécu à fond la condition de Serviteur. Institué pour prolonger ce ministère de Jésus-Christ en son Eglise, le ministère presbytéral n'est pas pour régenter les membres de l'Eglise, mais pour les provoquer à la liberté. Il est vécu comme ministère presbytéral s'il provoque l'Eglise à se dessaisir de sa propre vie pour que tous les hommes progressent vers la plénitude de la VIE.

Exercer le ministère presbytéral, c'est mettre en œuvre le pouvoir du Père dans ce que nous en révèle le Fils entré en condition de serviteur. A travers cette révélation, nous apprenons qu'en sa pointe suprême où il rend possible l'avènement de l'HOMME, le Pouvoir du Père est « pouvoir-de-ne-pas-pouvoir ». C'est de cette mytérieuse mise en œuvre d'un « pouvoir-de-ne-pas-pouvoir » que les prêtres sont responsables dans l'Eglise. Leur ministère est de faire que l'Eglise apparaisse aux hommes comme « lieu » où commence d'émerger l'homme dont Dieu a dit : « Qu'ils dominent !... » Par le ministère presbytéral est garanti dans l'Eglise le statut de peuple de Dieu où tous sont libres. Mais c'est au prix du dessaisissement de soi par lequel les prêtres auront permis qu'à travers eux se déploie le « pouvoir-de-ne-pas-pouvoir » dont use Dieu lui-même chaque fois que « ne-pas-pouvoir » est meilleur pour faire advenir l'HOMME qui doit advenir.

Exercer ce pouvoir qui est « pouvoir-de-ne-pas-pouvoir » ne s'apprend ni dans les manuels de psychologie, ni en séance de dynamique de groupe. On ne peut y arriver qu'en regardant beaucoup la vie et en se laissant instruire par elle de ses lois. Une femme apprend à exercer ce pouvoir qui est « pouvoir-de-ne-pas-pouvoir » en marchant au pas de son enfant avide de tenir sur ses deux jambes. Même si elle est pressée, elle consent à la lenteur parce qu'elle veut de tout son cœur que son enfant devienne un homme. C'est un peu à la même exigence que doit consentir le prêtre. Il doit apprendre à exercer son ministère en se mettant à l'école de ceux auprès de qui ce ministère est à exercer. Un aumônier de JOC consent à apprendre auprès des jeunes travailleurs comment exercer son ministère pour que l'homme advienne en eux. La synergie entre leur vouloir de jeunes travailleurs et le vouloir de Dieu ne peut s'instaurer que que par ce « pouvoir-de-ne-pas-pouvoir » que le prêtre exerce auprès d'eux. Ce fut le principe cher à l'admirable prêtre que fut un père Guérin : « Entre eux, par eux, pour eux » !

Cet exercice d'un pouvoir qui est « pouvoir-de-ne-pas-pouvoir » fait du prêtre pour l'Eglise une certaine image de ce que l'Eglise doit se vouloir pour le monde.

Si l'Eglise veut exercer son ministère auprès des hommes, c'est auprès des hommes qu'il lui faut apprendre comment ils veulent être servis, en tant qu'hommes. « Mère et maîtresse » qui instruit *(Mater et magistra)*, l'Eglise doit veiller à ne pas être la « Mère et maîtresse » qui régente *(Mater et domina)!* Mais l'Eglise arrivera-elle à faire le bon choix entre ces deux comportements si ce bon choix n'est pas vécu en ceux qu'elle a investis de l'Esprit en les ordonnant au ministère ?

⁂

L'identité du prêtre est à chercher dans la cohérence du ministère qui est le sien : un ministère qui est nécessaire à l'Eglise pour que l'Eglise puisse exercer son ministère au sein du monde. Par le ministère ordonné, le corps ecclésial se déploie et grandit organiquement selon l'identité qui lui vient de l'Esprit. Il serait invraisemblable d'imaginer une Eglise sans ministères ordonnés !

Dans une conjoncture de mutation comme celle que traverse le monde de ce temps, le ministère ordonné garantit la nécessaire continuité structurelle de l'Eglise tout en rendant possible la non moins nécessaire discontinuité culturelle. Mais la continuité structurelle de l'Eglise que lui garantit le ministère ordonné n'est pas une affaire purement interne à l'Eglise ; c'est une continuité ordonnée à ce qu'advienne l'homme.

Perçus dans cette perspective, les ministères ordonnés sont plus que jamais nécessaires à l'Eglise pour que l'Eglise puisse provoquer les hommes à vouloir leur propre avènement comme avènement de l'HOMME.

Mais les ministères ordonnés ont-ils encore un avenir auprès des hommes de ce temps ?

CHAPITRE DEUXIEME

L'AVENIR DES MINISTERES ORDONNES

Si l'on s'en tient aux statistiques citées au début de cet ouvrage, l'avenir des ministères ordonnés se présente sous des traits plutôt sombres.

Devant ces traits plutôt sombres, on peut s'en prendre au manque de foi des baptisés... On peut aussi s'en prendre à la structuration désuète des communautés chrétiennes. Mais le problème est-il seulement un problème concernant l'existence des chrétiens et de leurs communautés ?

Le problème des ministères ordonnés se pose à l'intérieur de la prodigieuse chute de potentiel qui frappe les sociétés avancées.

Après s'être crus maîtres de leur avenir, les hommes de ce temps ont pris un peu mieux la juste mesure des questions que cet avenir leur pose. Les triomphalismes scientifique et technique ont fait leur temps ; les idéologies ont déçu. Nul ne compte sérieusement sur un Salut qui viendrait à l'homme à travers elles. Un peu partout, on prend son parti de « fonctionner » au mieux, avec les moyens dont on dispose.

Dans cette conjoncture, l'idée de Salut en prend un coup au sein du christianisme lui-même.

Une idée est aidée à vivre quand elle est objet de concurrence. Aujourd'hui, quand l'Eglise parle de Salut, elle n'est plus en concurrence avec personne. Toute une clientèle, au-dedans d'elle, n'entend plus ce discours parce que ce discours porte sur une chose dont personne ne parle plus. « Fonctionnons... ! » dit cette clientèle. « Faites que ça fonctionne ! Assurez-nous la messe dominicale, des funérailles sérieuses, la moralisation de nos enfants au caté, leur communion solennelle et des mariages à pompe nuptiale... Ce serait déjà beaucoup ! »

Les ministères ordonnés n'ont aucun avenir à l'intérieur d'une Eglise dont les membres deviendraient une clientèle désireuse seulement de « fonctionner ». Fonctionner est un horizon trop étroit pour que des hommes qui sont de vrais hommes envisagent d'y cantonner leur existence. Ne peuvent s'intéresser au ministère ordonné que des humains pour qui les ministères ordonnés et le devenir de l'homme ont partie liée. L'important ici est de voir comment. On s'y essaiera dans les pages qui suivent. D'abord en traitant la question dans le réalisme de notre temps. Ensuite en plaidant pour que soit respectée la vérité propre du ministère lui-même.

LES MINISTERES ORDONNES DANS LE REALISME DE NOTRE TEMPS

Le réalisme de notre temps, c'est une meilleure connaissance du rapport entre structure et milieu, le déplacement des instances qui influent sur l'existence humaine, enfin le questionnement nouveau des hommes au sujet d'eux-mêmes.

Ce sont là trois points sur lesquels l'exercice du ministère ordonné doit être repensé si on veut préserver leur avenir et, à travers leur avenir, l'avenir de l'Eglise.

TENIR COMPTE DU RAPPORT ENTRE STRUCTURE ET MILIEU

L'un des progrès les plus spectaculaires des sciences de la vie est certainement d'avoir montré la convergence et l'unité des lois qui y président. Personne aujourd'hui ne conteste l'intérêt de l'introduction de la chimie dans le domaine de la biologie ; l'on s'émerveille déjà des apports que la biologie reçoit et recevra de l'électronique ; mais on tire aussi parti du parallélisme entre les faits biologiques et les faits que permet de cerner la sociologie.

Ces rapprochements ont conduit des savants à reformuler dans un sens lamarkien la théorie darwinienne du rapport entre les structures vivantes et leur milieu. On sait qu'une structure vivante prépare sa propre disparition si elle ne tient pas compte de l'information qui lui vient du milieu dont elle se nourrit.

Cette loi peut se vérifier à tous les niveaux où la vie se déploie.

C'est elle qui explique la disparition des structures vivantes que furent les grands reptiles de l'ère secondaire ; c'est elle qu'on perçoit à l'œuvre dans le problème de survie que pose aux civilisations occidentales l'épuisement actuel des énergies fossiles (charbon, pétrole...).

L'Eglise traverse aujourd'hui une crise dont le trait majeur est la diminution du nombre des candidats aux ministères ordonnés. Cette diminution ne relèverait-elle pas du processus de disparition qui affecte toute structure vivante quand elle ne tient pas assez compte de l'information qui lui vient de son milieu de vie ? Faut-il penser qu'il y a épuisement du milieu que sont les baptisés par une structure qui s'est indûment hypertrophiée en nombre peut-être mais surtout en importance ?

Ces questions énoncent une hypothèse.

L'hypothèse peut se vérifier sur un point particulier en observant ce qui se passe au niveau de la Curie romaine. Depuis Vatican II, cet organisme ne sait se réformer qu'en accentuant son gigantisme. L'épuisement est ici d'ordre économique. Les problèmes financiers de cet organisme rendent son entretien de plus en plus difficile à supporter pour l'ensemble de l'Eglise.

L'hypothèse est encore plus intéressante à vérifier si on relit l'histoire de l'Eglise au cours des trois ou quatre derniers siècles.

A partir des combats de la Contre-Réforme et plus encore à la suite de Vatican I, on a trouvé normal de fonctionner sur le principe : « Là où la hiérarchie existe, l'Eglise existe ». A partir de ce principe, des régions d'Afrique comportant des milliers de baptisés n'étaient pas reconnues comme diocèses tant qu'on n'y avait pas ouvert un séminaire. L'Eglise a tendu à s'identifier à sa propre hiérarchie. On s'est défié de la masse des fidèles. On a cultivé chez eux comme vertu essentielle la docilité.

De tels rapports entre la hiérarchie et la masse des baptisés correspondent aux rapports entre une structure et le milieu dont cette structure se nourrit. On peut en avoir idée à travers la manière dont s'est peu à peu imposé le « drainage » des vocations vers les séminaires et juvénats. Réfléchissant sur les moyens que j'ai moi-même utilisés à cette fin, je me dis qu'ils ne différaient pas beaucoup de ce qui se passait dans le recrutement des « engagés » par l'Armée et des instituteurs par l'Instruction publique. Ils s'apparentaient même à la prospection de matières premières dans le tiers monde par les grandes compagnies.

La rareté actuelle des candidats aux ministères ordonnés ne signifierait-elle pas que la loi régissant les rapports entre structure et milieu se vérifie en ce qui regarde l'avenir des ministères ?

Si la hiérarchie, en s'hypertrophiant en nombre mais surtout en importance, se comporte en structure par rapport à des fidèles qui ne sont plus alors qu'un milieu, la loi dit que cette structure est appelée à disparaître par épuisement du milieu que sont les fidèles. La diminution du nombre des candidats au ministère ordonné est l'un des symptômes de cet épuisement du milieu. On a simplement affaire à une rupture d'équilibre entre une structure et son milieu de vie. Mais cette rupture d'équilibre ne se résoudra pas au moyen d'une prospection plus fine du milieu que sont les fidèles pas plus qu'une prospection mieux organisée ne peut suffire à résoudre la rupture d'équilibre dont souffrent nos civilisations industrielles par manque d'énergies fossiles. Pour ces civilisations, la solution du problème passe par une révision de leur rapport au tiers monde trop longtemps considéré comme simple milieu dont se nourrissait la structure industrielle. Pour l'Eglise, la solution passe par une révision du rapport entre hiérarchie et fidèles.

Cette révision du rapport entre hiérarchie et fidèles ne peut cependant pas s'effectuer selon n'importe quels critères.

Il est naïf d'imaginer qu'il y suffise de faire disparaître ce qu'on appelle parfois la cléricature... Pas davantage cette révision ne s'accomplira par la simple affirmation incantatoire que l'Eglise n'est pas une institution... Pas davantage elle ne s'effectuera en effaçant toutes les différences à l'intérieur d'un Peuple de Dieu réduit à l'état de masse indifférenciée. La révision, pour mettre fin à la menace de disparition du ministère ordonné, doit porter sur le rapport entre le ministère ordonné et la multitude des baptisés. Ce rapport doit cesser d'être un rapport de structure à milieu. La hiérarchie n'est pas une structure existant dans la masse des baptisés comme une amibe dans un bouillon, un dinosaure dans une végétation luxuriante ou une société minière sur un périmètre d'exploitation. *La hiérarchie est l'aspect sous lequel la masse des fidèles est elle-même à elle-même sa propre structure, un monde d'hommes et de femmes structuré par le baptême à l'image et ressemblance du Dieu-Vivant qui est Trinité.*

C'est là ce que Vatican II insinue en restituant à l'Eglise sa véritable identité à travers le premier chapitre de la Constitution dogmatique *Lumen Gentium.* Mais la mise en œuvre de la perspective ainsi ouverte se heurte à des habitudes invétérées. La plupart des débats actuels sur les ministères restent orientés selon une perspective qui oppose hiérarchie et masse des baptisés dans un rapport qui est celui de la structure au milieu. On se borne à proposer de remplacer ou de corriger une hiérarchie *donnée d'en-haut* par une hiérarchie *montée d'en-bas.* Les hiérarchies montées d'en-bas ont fait la preuve qu'elles peuvent épuiser un milieu encore plus rapidement et plus à fond que les hiérarchies données d'en-haut. Les « nouveaux maîtres » issus de 1789 ont pratiqué l'exploitation du prolétariat européen avec moins de scrupules que l'aristocratie d'Ancien Régime ; et bien des « nouveaux maîtres » mis en place par la décolonisation ont pillé leur propre pays avec une impudence qu'aucune société d'exploitation n'aurait osé se permettre...

C'est du rapport entre structure et milieu qu'il faut sortir si on veut que le nombre des candidats au ministère ordonné cesse de décroître.

Il faut donc réfléchir au rapport entre hiérarchie et masse des fidèles pour restituer ce rapport dans la vérité de ce qu'il doit être.

Présenter ce rapport en termes de conflit, en référence à la dialectique du maître et de l'esclave, c'est continuer de s'en tenir au rapport entre une structure et le milieu dont cette structure se nourrit. La mise en place de contre-pouvoirs ne changera rien au fond du problème. Le problème est de vivre dans sa vérité un rapport qui est de l'ordre du mystère.

Vivre ce rapport vrai requiert des fidèles qu'ils renoncent à une passivité de « milieu » sans pour cela revendiquer d'être chacun à soi seul « structure vivante ». Fidèles et hiérarchie sont ensemble un unique Corps se déployant selon la structure trinitaire qui est la sienne, à l'intérieur d'un monde des hommes qui est le « milieu » dont cette structure se nourrit. Mais cela suppose que l'Eglise tienne compte de l'information qui lui vient de ce « milieu » qu'est pour elle le monde.

Passer de l'idée d'une Eglise structurée par une hiérarchie à celle d'une Eglise structurée par le baptême et vivant à l'écoute du monde demande une véritable conversion. Si la diminution des candidats aux ministères ordonnés favorisait cette conversion, elle se tournerait en bénéfice pour l'Eglise.

Mais la conversion suppose que cette diminution cesse d'être utilisée comme argument par des groupes opposés se lançant des statistiques au visage.

Le déplacement des instances qui influent sur l'existence sociale

Se mouvoir dans le monde des hommes comme dans son véritable milieu rendra l'Eglise capable de s'adapter à des changements qui ne sont pas sans importance du point de vue de l'avenir des ministères ordonnés.

Le combat le plus acharné de ces dernières années, touchant aux ministères ordonnés, est le combat qui tourne autour du problème du clergé et de la cléricature. A y regarder de près, on peut se demander si ce combat ne sera pas un jour mis sur le même plan que les combats entre indiens et cow-boys que se livrent des internes sur une cour de collège. On s'étonne parfois que des gens intelligents investissent à de telles batailles tant de leur savoir et de leur temps !

Il est loin derrière nous, en effet, le temps où les ministres ordonnés formaient la presque totalité du monde du savoir ! Il est même déjà loin derrière nous le temps où les ministres ordonnés faisaient partie du monde du savoir quasi à égalité avec d'autres groupes sociaux : l'instituteur dans le village, l'université dans la nation...

A ces époques-là, les ministres ordonnés étaient une instance qui influençait l'existence sociale, en tant que clergé, par le pouvoir que lui conférait le fait d'être un « monde du savoir ». Dans l'existence sociale d'aujourd'hui, le monde du savoir qui influence les hommes doit être cherché dans les livres qui se lisent, les cassettes qui s'écoutent, les émissions qui s'imposent. Les cléricatures qui fonctionnent sont de type nouveau : de la vedette de cinéma au dernier des « nouveaux philosophes » en passant par les concentrations de presse.

Dans un tel contexte, accuser les ministres ordonnés (évêques et prêtres) d'être un monde de clercs dictant aux fidèles « ce qu'il faut penser » relève de la manie obsessionnelle plus que de l'analyse des faits. Et cette accusation fait mettre en doute la bonne foi de ceux qui la profèrent lorsqu'il s'agit de gens bien en place dans les cléricatures jalousement fermées des salles de rédaction ou des cercles de pensée.

L'endoctrinement, le matraquage idéologique, les pratiques de persuasion clandestine transforment le monde des hommes de ce temps en une clientèle que se disputent des clergés de type nouveau. C'est à l'encontre de ces « clergés » qu'il faudrait mobiliser si l'on veut « une mort du clerc » qui soit au bénéfice de la vie des hommes. La lutte contre ces cléricatures devrait être acharnée. Car la puissance de leur voix est celle des fonds dont elles disposent bien plus que celle des vérités qu'elles prônent. Les combats que certains mènent aujourd'hui pour « mettre à mort » le clerc dans l'Eglise, surtout s'ils sont menés en s'appuyant sur des cléricatures de ce monde, risquent fort de n'être pas des combats pour l'homme. Il y aurait mieux à faire que de « mettre à mort le clerc » dans l'Eglise. Ce serait de restaurer les droits de l'intelligence tels que les symbolisait jadis la cléricature dans la vie et le ministère des prêtres.

On voit se dessiner un « modèle » de prêtre qui, à toute question qu'on lui pose, commence par répondre qu'il ne sait pas. Vouloir absolument passer pour « celui qui ne sait pas » ne vaut guère mieux que le mensonge qui consistait à se présenter comme « celui qui sait ». Mais de ces deux mensonges le premier devient le plus dangereux lorsqu'il aboutit à mépriser tout effort intellectuel. Sans approfondissement de l'intelligence, le ministère ordonné devient inapte à remplir son rôle dans l'Eglise par rapport à la fonction prophétique ? Si le ministère ordonné n'assure pas la cohérence de la fonction prophétique dans la vie intérieure de l'Eglise elle-même, comment l'Eglise exercera-t-elle de façon cohérente cette fonction prophétique au sein du monde ? La « mort du clerc » dans l'Eglise n'aura servi de rien à l'homme et au devenir des hommes si cette mort aboutit à faire de l'Eglise un lieu de cacophonie où tous parlent sans que personne y écoute quelqu'un d'autre.

Le déplacement qu'opère dans l'existence sociale la diffusion généralisée du savoir fait apparaître des « cléricatures nouvelles » qui obligent à faire preuve de discernement en ce qui regarde la mise à mort du clerc... Mais au déplacement opéré par la diffusion du savoir se juxtapose un autre déplacement qui résulte de l'utilisation de plus en plus individuelle de l'avoir. Ce second déplacement a pour effet l'apparition d'un type nouveau d'officiants. Ici le ministère ordonné se trouve affecté dans son rapport à la fonction sacerdotale.

Le combat autour des ministères qui a le plus mobilisé l'opinion dans l'Eglise après celui contre la cléricature est probablement le combat autour des choses du culte. On écrirait un livre en mettant bout à bout les titres d'articles et d'ouvrages parus sur ce sujet.

Vatican II avait abondamment parlé du ministère ordonné dans son rapport à la mission et à la Parole de Dieu. Sur cette lancée, certains en sont venus à répudier tout rapport entre le ministère ordonné et quelque fonction cultuelle que ce soit. On a opposé foi et religion comme les deux termes d'un dilemme. La foi ne pouvait être pure que sous réserve d'être préalablement décrassée de toute trace de religion et de religiosité.

Le piquant de cette problématique est qu'elle prétendait s'imposer au moment même où la revendication de fête, de célébration, de culte atteignait à son paroxysme au cœur de masses fatiguées de fonctionner sur le rythme *métro-boulot, métro-dodo*. Les ministères ordonnés ont été quasiment frappés d'interdit de culte par une *intelligentsia* ignorante de la vie des petits (1). Le pauvre curé enfermé dans le cultuel faisait figure d'attardé mental aux yeux de ces sages domiciliés dans une *Cité séculière* où rien n'annonçait encore une toute prochaine *Fête des fous.*

Dans le vide ainsi instauré, les puissances de ce monde ont eu beau jeu pour concocter à l'intention des masses les types de célébrations servant au mieux leurs propres intérêts : spectacles de variétés où s'anesthésie tout sens esthétique dès lors qu'officie une vedette ; liturgies de masse où s'exacerbent les illusions idéologiques dès lors que pontifie un leader.

Le culte des idoles ne se porterait-il pas d'autant mieux que le ministère ordonné est plus massivement absent du cultuel dont l'homme, de toute façon, ne peut se passer ? Cette question donne beaucoup à penser. Est-il normal et est-il bon pour l'homme que tout l'aspect esthétique de sa destinée soit exposé à être soustrait aux interpellations de la foi ? N'est-ce pas cette situation qu'instaure la défiance envers les activités de type cultuel chez ceux qui ont été investis du ministère ordonné ?

J'ai vu au Japon des prêtres catholiques remplir le rôle d'officiant pour des mariages entre non-baptisés. Ces non-baptisés étaient désireux de célébrer leur amour. A leurs yeux, ni le shintoïsme, ni le bouddhisme ne le permettaient. Ils venaient demander ce service au ministre d'une religion dont ils savaient,

---

(1) Ce contexte donne tout son prix à la recherche qu'entreprenait au même moment le GREPO où des prêtres en classe ouvrière mettaient en commun leur préoccupation de bien répondre à la demande cultuelle dans le monde ouvrier.

au moins par ouï-dire, qu'on y tient pour principe que Dieu est Amour. En nos paroisses de France, si un prêtre consent à remplir le rôle d'officiant pour un mariage entre baptisés qui n'ont pas donné la bonne réponse à une question sur la foi, il se trouvera des « purs » pour lui reprocher d'avoir entretenu des vestiges de superstition.

Le régime du salariat a complètement fait disparaître de nos sociétés le mode d'utilisation de l'avoir familier aux sociétés primitives. L'avoir est reçu par chacun individuellement et c'est individuellement que chacun le gère. Posséder un avoir *en commun en indivis* devient une situation de plus en plus rare. Les fêtes s'en ressentent. Jadis elles rassemblaient une population dont les membres étaient en même temps spectateurs et acteurs de la célébration par la danse et le chant. Nous allons vers des fêtes où entrent seulement ceux qui paient le droit d'en être les spectateurs. De cette situation l'homme concret fait les frais.

Ce n'est pas en méprisant ou minimisant le rôle cultuel des ministères ordonnés qu'on améliorera cette situation faite à l'homme. En privant l'homme d'expression religieuse collective, on contribuera seulement à faire encore davantage de la relation de l'homme à Dieu une affaire privée : « Je n'ai qu'une âme qu'il faut sauver » !

Ces réflexions invitent à prendre au sérieux le rapport entre le ministère ordonné et l'exercice de la fonction sacerdotale. Si le ministère ordonné n'assure pas le déploiement collectif de cette fonction au sein de l'Eglise pour l'Eglise, comment l'Eglise exercera-t-elle de façon cohérente cette fonction sacerdotale au sein du monde pour le monde ? La proscription du cultuel dans l'Eglise ne peut tourner qu'au détriment des hommes. Pour préserver ses chances d'advenir comme homme exerçant la fonction sacerdotale, le monde des hommes a besoin de « lieux » où la symbolique de l'échange soit plus importante que la valeur marchande des objets échangés (2). Nulle part

(2) L'Eglise, dans les pays occidentaux touchés par la sécularisation, est handicapée en ce qui regarde cet exercice de la fonction sacerdotale sous son aspect cultuel. Elle porte les conséquences d'une séparation d'avec la société civile qui n'a jamais été complète. Cette société civile,

cette symbolique n'est aussi intensément réalisée que dans l'Eucharistie où l'Eglise exerce sa fonction sacerdotale dans la célébration présidée par le ministre ordonné.

A côté des déplacements qui affectent la société humaine dans les domaines du savoir et de l'avoir on perçoit de plus en plus aujourd'hui les signes avant-coureurs de déplacements dans le domaine du pouvoir. Le phénomène de plus en plus général de bipolarisation est le signe d'une incertitude bien plus que la preuve d'une stabilité. Un processus de dérégulation est à l'œuvre. De l'anarchisme aux requêtes de décentralisation, de la marginalisation délibérément choisie et parfois vécue dans la clandestinité genre « brigades rouges » et « autonomes » à la théorie de la destabilisation, une tendance se fait jour : refuser de jouer selon les règles du système afin d'arriver à vivre autrement.

Ces phénomènes sont intéressants à observer comme expression d'un vouloir-vivre. Ils annoncent un déplacement des instances qui influencent l'existence sociale dans le domaine du pouvoir. Ils peuvent dégénérer en destabilisation systématique. On se laisse alors mener par l'illusion qu'un retour au chaos initial conditionne toute régénération de l'existence sociale.

Il serait souhaitable que la réflexion sur le ministère ordonné évite aux chrétiens de s'abandonner à cette illusion en ce qui regarde au moins leur existence sociale en Eglise. Le rêve du retour aux sources tel qu'on le perçoit aujourd'hui en filigrane derrière un certain nombre d'affirmations touchant le renouveau des ministères est la forme intra-ecclésiale de ce qui se vit dans

prisonnière de son idéologie libérale individualiste, n'a jamais été capable de se donner de véritables liturgies populaires. Elle n'a su que demander aux « ministres du culte » de venir « officier » à ses fêtes ! Cette conjoncture ambiguë a fait de l'Eucharistie, pour bien des gens, un « élément rituel » que la société civile emprunte à son patrimoine folklorique. Il reste que des célébrations où la symbolique de l'échange ait plus d'importance que la valeur marchande des objets échangés peuvent seules empêcher que l'économie devienne inhumaine. Des travaux récents tendent à le montrer (J. Baudrillart, par exemple dans *Pour une critique de l'économie politique du Signe*). Ces travaux pourraient bien devenir demain une propédeutique à l'étude de l'économie trinitaire et de la dimension sacerdotale de l'existence humaine.

la société civile. Mais pas plus que la société civile, l'Eglise ne se construit « en repartant à zéro ». Le problème n'est donc pas de contester le ministère ordonné comme ministère où s'exerce un pouvoir. Il est de faire que l'exercice du pouvoir par ses ministres ordonnés permette à l'Eglise de donner aux hommes le spectacle de ce qu'elle doit être : une vivante preuve qu'à l'intérieur du devenir commun de l'homme, chacun des hommes peut exister en homme en exerçant le pouvoir pour sa part.

Le questionnement des hommes de ce temps au sujet d'eux-mêmes

Exister en homme est l'ambition de l'homme et des hommes. Dire de quelqu'un « C'est un homme ! » a plus de poids que dire de lui « C'est un saint ! » ou « C'est un héros ! ». On se défie des saints ou des héros qui ne sont pas des hommes. A bon droit !

Le questionnement qui travaille le plus profondément les hommes de ce temps n'est pas sans lien avec leur juste ambition d'exister en hommes. C'est un questionnement au sujet d'eux-mêmes. « Exister en homme, qu'est-ce que c'est ? »

Or ce questionnement annonce peut-être la forme nouvelle de ce que désignait hier le mot fidélité. Mariages, pactes et alliances se font et se défont aujourd'hui au gré du moindre zéphyr glandulaire, boursier ou pétrolier. Rien d'étonnant alors si le mot fidélité fait sourire. Mais au même moment, on voit des hommes par centaines de milliers de par le monde, endurer la prison, la torture, les camps et l'exil plutôt que de se renier eux-mêmes. Ce sont ces hommes qui portent à son paroxysme le questionnement des hommes au sujet d'eux-mêmes. Exister en hommes ne consisterait-il pas tout simplement à ne pas se renier soi-même ?

Aux hommes que travaille un tel questionnement, le ministère ordonné devrait pouvoir dire quelque chose de sérieux.

Les ministres ordonnés sont des hommes qui ont été investis pour leur ministère par une ordination qui les a saisis en leur totalité humaine, au plus profond de leur être. Le langage traditionnel exprimait cette idée en parlant de « caractère ». Ce type de discours est désuet aujourd'hui. Mais ce que cherchait à exprimer ce type de discours n'est pas moins vrai. L'ordination au presbytérat ordonne celui qui la reçoit à un ministère « fondateur ». Elle n'investit pas seulement celui qui la reçoit à l'exercice d'une fonction administrative. Elle l'investit pour une activité au service de la re-création des êtres : par ce ministère, un être nouveau est là (2 Co 5, 17). Ce ministère fait exister des hommes de la seule existence qui les fait pleinement hommes : l'existence dans le Christ (1 Co 1, 30) ! Il serait invraisemblable que l'ordination à ce ministère fondateur n'atteigne pas celui qui la reçoit en ses propres fondements d'homme ! Même si l'on ne veut pas employer le mot « caractère » il faut bien tenir au sujet de ce ministère des propos touchant un « statut », un « état », une « réalité » que le ministre ordonné ne peut renier sans se renier lui-même...

Mais employer le mot « statut » ou le mot « état » en parlant des ministres ordonnés fait immédiatement surgir dans l'esprit des expressions telles que « statut clérical » ou « état de célibat ». Est-ce donc ce « statut », cet « état » que le ministre ordonné ne peut renier sans se renier lui-même ?

Le mot « statut » et le mot « état » évoquent assez spontanément pour nous l'idée d'immobilité, de fixisme, de conservatisme ; autant dire que ces deux mots, pour un esprit moderne, sont facilement perçus avec des résonances plutôt péjoratives.

Il n'en a pas toujours été ainsi.

Dans l'Europe du moyen âge, le mot latin d'où viennent les mots « statut » et « état » résonnait des accents les plus positifs. Emergeant du chaos des invasions barbares cette Europe était instruite de l'impossibilité de vivre dans le désordre permanent. Les différents groupes sociaux ont pu y devenir des partenaires en s'organisant en « états » : les nobles, les clercs, les habitants des bourgs ont été reconnus comme « états ». Les activités professionnelles étaient des « états » (nous disons encore « boulanger de son état »). Les familles religieuses se désignaient elles aussi par ce mot « état » (les « Etats de perfection »). C'est dans cette Europe du moyen âge que s'est formulée et imposée la théorie politique de l'Etat comme réalité différente de ce que désignent les mots peuple, nation, dynastie, régime, constitution...

Dans l'esprit des hommes du moyen âge et des générations qui ont suivi, le mot « état » (et le mot « statut ») désigne un *système de relations stables* ; derrière ces mots, l'homme du moyen âge perçoit un ensemble humain, l'équivalent de ce que nous mettons aujourd'hui derrière l'expression « un collectif ». Loin de penser règlement, administration, bureaucratie, appareil, etc., l'homme du moyen âge, en entendant le mot « état », pense aux relations qui situent un individu à l'intérieur d'un ensemble lui permettant d'être reconnu et d'exister en homme.

Pour l'homme du moyen âge, être fidèle à son état ne signifie donc pas être fidèle à un règlement : c'est être fidèle aux autres membres de sa profession, de son milieu, de son groupe social ; c'est persévérer dans un ensemble de relations qu'il ne saurait méconnaître sans se renier lui-même.

Pour l'homme d'aujourd'hui, être fidèle à son état signifie pratiquement ne pas manquer aux règlements édictés par l'administration dont il dépend : c'est être fidèle à des choses auxquelles parfois son propre cœur ne croit pas ; c'est bien souvent consentir à des silences ou à des passivités qui équivalent à se renier soi-même !

Ces considérations devraient être présentes à l'esprit de ceux qui débattent du statut clérical ou de l'état de célibat par rapport aux ministères ordonnés.

Les adversaires d'un engagement à l'état de célibat contestent l'opportunité et la valeur d'un tel engagement à partir d'une simple question : n'est-il pas contraire aux lois de la vie de figer le ministre ordonné dans l'état de célibat qui est le sien au moment de l'ordination ? Les défenseurs de l'état de célibat argumentent au nom de la fidélité à l'engagement pris et de la signification de cet engagement ; mais cette argumentation ne répond pas en fait à la question telle que les adversaires de l'état de célibat la posent.

Essayons au moins d'esquisser les traits essentiels d'une démarche qui permettrait de faire la vérité dans ce débat.

Faire la vérité dans ce débat suppose qu'on place le débat non au plan d'un état de vie ou d'un statut mais au plan du type de relations que cet état de vie ou ce statut rendent effectif ou du moins possible. Le problème à prendre en compte est celui de la fidélité que les ministres ordonnés doivent garder, au même titre que n'importe quels autres êtres humains, pour exister vraiment en hommes. Il est alors évident que cette fidélité ne peut pas être la fidélité à un statut ou à un état de vie en tant que statut ou état de vie. Le statut et l'état de vie sont moins que l'homme. On ne doit pas y soumettre l'homme. Pour que la fidélité que garde le ministre ordonné fasse exister ce ministre ordonné en homme, il faut que ce soit la fidélité à un type de relations dans lequel il se sera en quelque sorte « institué » lui-même comme homme.

Or la pratique ancienne des Eglises et la pratique encore en vigueur dans les Eglises d'Orient est particulièrement significative à cet égard (3).

Selon cette pratique, l'Eglise n'investit jamais du ministère ordonné des individus qui n'ont pas encore opté pour un « état de vie » : mariage ou célibat.

Cette pratique semble bien attester un lien entre le fait d'être investi d'un ministère ordonné et le fait d'avoir choisi le type de relations dans lequel on va se réaliser soi-même en tant qu'homme. Si l'ordination confère à un être humain une grâce de fondation, n'est-il pas normal que cette grâce soit conférée à des êtres qui ont rejoint et posé les fondements de leur propre existence ? La décision sur soi est l'acte par lequel un être humain se fonde en quelque sorte lui-même. Cette décision sur soi reste en suspens tant qu'on n'a pas fait le choix du type de relations selon lequel on se réalisera : mariage ou célibat (4).

---

(3) On peut rapprocher de cette pratique le fait que l'ordination au diaconat permanent restauré par Vatican II comporte de la part du candidat qu'il soit marié, ou s'il ne l'est pas, qu'il s'engage à garder le célibat.

(4) Ces considérations ont évidemment une portée pratique. Elles font regretter que l'Eglise d'Occident ne révise pas sa pratique de n'ordonner

Si l'engagement à l'état de célibat fait problème aujourd'hui, c'est parce qu'il est perçu comme engagement à un état de vie. Il faudrait que cet engagement puisse être perçu comme engagement à un type de relations. Mais le fait qu'on ordonne uniquement des gens qui s'engagent au célibat ne permet pas que les choses soient ainsi perçues. On dépense des trésors d'ingéniosité à démontrer que le célibat est un état de vie éminemment conforme à la nature du ministère ordonné. Mais cette démonstration, à supposer qu'elle soit vraie, est en dehors du vrai problème. Le vrai problème n'est pas celui de la supériorité d'un état de vie sur un autre ; le vrai problème est dans le fait qu'un homme est inapte à exercer le ministère ordonné s'il ne s'atteste pas « homme de caractère » en ayant choisi une fois pour toutes selon quel type de relations il entend exister et se réaliser en tant qu'homme. Ce n'est donc pas parce qu'il a opté pour un état de vie estimé « supérieur » qu'un homme est apte à être investi du ministère ordonné ; c'est parce qu'il s'est situé et défini lui-même comme homme en choisissant

---

que des candidats engagés au célibat. Au fur et à mesure que le mot *état* a pris le sens statique que nous lui connaissons aujourd'hui, cette pratique a rendu le célibat ecclésiastique moins significatif de ce qu'il doit signifier. Ce célibat n'apparaît guère plus que comme un « sacrifice », une sorte de performance, héroïque aux yeux des uns, ambiguë aux yeux de beaucoup d'autres. On y voit de moins en moins un rappel du mystère de l'Alliance parce qu'un ministère presbytéral exercé par des hommes mariés n'est pas là pour souligner et mettre en valeur ce célibat comme manière *autre* de vivre les relations par lesquelles un homme devient homme. Ce manque de signification est certainement sous-jacent à bien des échecs en des vies de prêtres. Il semble que l'Eglise d'Occident ne perdrait rien à reprendre la pratique d'ordonner des hommes mariés. Elle reviendrait par-là à une vérité plus sûre que celle consistant à affirmer la supériorité d'un état de vie sur un autre. Elle mettrait fin aux situations aberrantes qui s'instaurent en des pays récemment évangélisés (comme l'Afrique) du fait de n'ordonner que des candidats engagés au célibat. Il semble par contre que si l'Eglise d'Occident en vient un jour à ordonner des hommes mariés par manque de candidats s'engageant au célibat, les conséquences seront dommageables. Cette mesure prendra le sens d'une capitulation. Elle donnera raison aux idolâtres du sexe. Mieux vaudrait reconnaître dès maintenant que l'état de mariage et l'état de célibat sont l'un et l'autre, quoique différemment, les situations dans lesquelles l'homme se fait exister comme homme et, par-là, se rend apte à être investi d'un ministère où est en jeu le destin de l'homme.

un type de relations qu'il ne saurait nier sans se nier lui-même dans sa décision d'homme au sujet de lui-même.

Ainsi resitués dans l'ensemble des conditions concrètes par lesquelles l'homme se construit en tant qu'homme, le ministère ordonné prend une signification qui intéresse les hommes de ce temps. Ce ministère vient s'inscrire dans le questionnement le plus profond qui les poursuit au sujet d'eux-mêmes. C'est bien de ne pas se renier soi-même qui fait que l'homme existe en homme. Exactement comme c'est de ne pas se renier lui-même qui fait que Dieu existe en tant que Dieu (5).

VIVRE LES MINISTERES ORDONNES SELON LEUR PROPRE VERITE

L'avenir des ministères ordonnés dépend donc pour une bonne part de la manière dont ils seront vécus ; et il s'agit de les vivre dans le réalisme de notre temps.

---

(5) Cette conclusion n'est pas sans toucher de près à la situation de nombreux prêtres qui ont opté pour le mariage, au cours de ces dernières années. Beaucoup d'entre eux trouvent anormal que leur choix ait pour conséquence l'impossibilité d'exercer le ministère. Ils y voient une mesure disciplinaire. Si l'on se place dans la logique d'un ministère de fondation conféré par l'Eglise à des hommes qui ont choisi leur manière d'être des hommes, les choses peuvent être perçues autrement. L'impossibilité où se trouvent ces prêtres d'exercer leur ministère n'est pas une mesure disciplinaire, une sanction venue frapper des contestataires de l'ordre établi. Cette impossibilité tient au devoir des intéressés d'être vrais avec eux-mêmes. Choisir une manière de se réaliser comme homme différente de celle qu'on avait choisie avant d'être investi du ministère presbytéral, n'est-ce pas cesser d'être *humainement qualifié* pour l'exercice de ce ministère ? Quant à la *qualification* venant de l'ordination, chacun sait que l'Eglise la tient pour inamissible. En des situations extrêmes, l'Eglise reconnaît donc au prêtre qu'elle a rendu à l'état laïc de poser les actes du ministère. Mais peut-être, en ce qui regarde les situations qui se sont multipliées ces derniers temps, l'Eglise devrait-elle se demander si la formation qu'avaient reçue dans les séminaires ceux qui ensuite ont fait défection les avait préparés à devenir les hommes qu'il faut être pour pouvoir être investi du ministère... N'y aurait-il pas justice à prendre en compte cette question ?

Mais encore faut-il qu'ils soient vécus selon leur vérité propre : comme ministères de l'Alliance, ministères de la foi, ministères du désir.

UN MINISTÈRE DE L'ALLIANCE

Le langage courant fait du prêtre un « homme de Dieu ». Désigner ainsi le prêtre est assurément un hommage. Mais cette désignation fait de l'homme investi du ministère presbytéral l'héritier des traditions juive et païenne bien plus que de la tradition évangélique.

Dans la tradition juive et dans les traditions païennes, le prêtre était un homme que le groupe reconnaissait comme investi d'une fonction de type sacerdotal : un médiateur entre Dieu et les hommes. Dans la tradition évangélique, le prêtre est un homme que le groupe reconnaît comme investi d'une fonction de type royal : c'est un garant de l'unité des membres du groupe entre eux par l'unité du groupe entier avec Dieu.

Le ministère presbytéral ne fait pas du prêtre une sorte de pont entre l'homme et Dieu. Le prêtre est serviteur et signe de la puissance par laquelle Dieu rassemble les hommes dans l'unité d'un seul HOMME sans pourtant qu'aucun homme soit démuni de ce qui le fait le plus irréductiblement lui-même en tant qu'homme particulier : « Faisons l'HOMME et qu'ils dominent !... »

C'est en ce sens que le ministère presbytéral (et à plus forte raison le ministère épiscopal !) est ministère de l'Alliance entre Dieu et les hommes. Cette Alliance ne réduit pas les hommes à devenir une sorte de masse indifférenciée dans le « collectif » homme ; pas plus qu'elle ne gomme la différence entre les personnes divines dans le « collectif » de l'unique Dieu. Cette Alliance requiert au contraire que s'instaurent entre les humains des rapports à l'image des rapports qui se vivent entre le Père, le Fils et l'Esprit dans le mystère de Dieu.

Quand les tribus d'Israël ont promis l'Alliance, elles ont consenti à vivre selon un type de rapports qui faisait d'elles un peuple unique tout en préservant ce que chacune d'elles avait d'unique. Vivre cette expérience préparait Israël à recevoir un jour le message de la vraie VIE dans laquelle chacune des personnes divines reste unique dans l'Alliance d'amour qu'est l'unique Dieu.

Le ministère presbytéral est au service de l'Alliance ainsi perçue : comme une réalité que Dieu peut proposer à l'homme parce qu'il la vit déjà lui-même et comme une réalité où l'homme peut entrer parce que rien de ce qui le fait homme n'y sera nié. Le Dieu Vivant qui est UN dans la différence entre les personnes du Père, du Fils et de l'Esprit propose aux hommes d'être UN avec lui dans le respect des différences que chacun tient de lui.

Le ministère presbytéral ne peut donc se réduire aux manières d'être prêtre où un individu, agréé pour ce service, sert d'intermédiaire entre un Dieu trônant dans l'Absolu et des humains cherchant à résoudre chacun pour son compte le problème de son propre salut... L'Alliance au service de laquelle les prêtres sont ordonnés concerne les hommes chacun en sa totalité et la totalité des hommes sans qu'aucun homme puisse être laissé de côté. Elle concerne l'homme tout entier. Elle ne vise pas seulement l'homme ou les hommes du seul point de vue de la religiosité.

Ces considérations sur l'Alliance entraînent des applications pratiques si l'on veut vivre les ministères ordonnés selon leur vérité.

Actuellement, en France du moins, le petit nombre de ceux qui se présentent pour « devenir prêtre » ou « se faire prêtre » (comme on dit encore !) comporte une assez forte proportion de gens dont le trait majeur est la religiosité (piété, goût du sacré, de la prière et du service cultuel). Le discours en termes d'Absolu de Dieu leur est assez familier...

On ne peut que se réjouir à la pensée d'avoir demain des prêtres pieux, capables de ne pas décevoir les hommes dans leurs attentes religieuses. Mais il serait dangereux pour le ministère presbytéral d'être exercé presque uniquement par des hommes appartenant au type humain que caractérise le goût du sacré. Ministre d'une Alliance qui se joue dans toutes les réalités de la vie de l'homme et des hommes, le ministre ordonné doit pouvoir appartenir à n'importe quel type d'homme : il pourra être un individu surtout chaleureux, épris de communion ; il pourra être plutôt un homme de dialogue, soucieux d'expression ; il pourra être encore un actif, féru d'organisation... Avoir le goût de l'autel est un trait qu'on appréciera en lui. Mais le trait essentiel auquel doivent se repérer tous ceux que l'Eglise investit du ministère ordonné n'est pas le goût de l'autel ; c'est le goût de l'homme. Le ministre ordonné ne peut servir l'Alliance entre l'homme et Dieu que s'il est passionné de l'homme et des hommes. Sa passion de l'homme et des hommes doit même être telle qu'il soit prêt à se dessaisir de ce qui lui vaut d'être reconnu comme homme si ce dessaisissement de lui-même est nécessaire à l'avancée des hommes vers l'unité que peut seule instaurer entre eux l'Alliance de tous avec Dieu.

C'est dire que le ministère presbytéral engage celui qui en est investi bien au-delà d'une simple disponibilité pour satisfaire les besoins religieux de ses semblables. A la différence des prêtres du monde juif ou païen qui remplissent seulement une fonction cultuelle, ceux qui sont prêtres au sens presbytéral de ce mot remplissent une fonction dont le cultuel n'est qu'une infime partie. Leur fonction rejoint l'homme et les hommes dans la totalité de leur existence d'hommes. En contrepartie, remplir une telle fonction exige de celui qui s'en laisse investir qu'il engage son existence d'homme en sa totalité également. Ordonnés pour le service d'une Alliance sans limite ni d'espace ni de temps, les prêtres de Jésus-Christ n'ont pas reçu et ne peuvent pas recevoir cette ordination seulement pour un temps. Sans quoi, ils cesseraient d'être significatifs pour l'Eglise et pour le monde de la seule Alliance qui défie la corrosion par le temps.

Ces considérations sur le ministère presbytéral comme ministère de l'Alliance nous font retrouver la condition formulée par H. Legrand quand il fait dépendre l'avenir des ministères ordonnés d'une restructuration des communautés chrétiennes.

C'est effectivement d'une telle restructuration qu'il faut se préoccuper. Mais cette restructuration ne saurait se limiter à moderniser le fonctionnement des communautés chrétiennes en inventant de nouvelles répartitions de compétences. Pour une communauté chrétienne, se restructurer, c'est retrouver au-dedans d'elle-même, comme loi interne de son être, la loi d'Alliance qui est d'abord la loi selon laquelle les rapports se vivent dans le mystère de l'unique Dieu entre le Père, le Fils et l'Esprit. Seule cette loi peut faire que les membres d'une communauté chrétienne soient les membres libres d'un corps libre lui aussi.

Que la restructuration des communautés chrétiennes s'effectue selon cette loi de l'Alliance est dans la logique du baptême que leurs membres ont tous reçu ; mais c'est là une restructuration impensable en dehors d'une démarche de conversion. Cette démarche de conversion rendra possible que le ministère presbytéral soit vécu dans les communautés selon sa vérité propre. Et le problème de l'avenir de ce ministère cessera de se poser en des termes qui désespèrent.

Un ministère de la foi

Le ministère presbytéral, pour être vécu selon sa vérité propre, exige aussi d'être vécu dans la foi. C'est là une seconde exigence à satisfaire si l'on veut garantir l'avenir de ce ministère. Ce ministère demande *qu'on y croie* ! Mais « y croire » ne signifie pas n'importe quoi...

Le ministère presbytéral demande qu'on y croie en ce sens que c'est un ministère fondateur.

Les travaux sur l'origine du ministère presbytéral dans l'Eglise ont conduit à percevoir un certain rapport entre ceux qu'on appelle les « anciens » *(presbuteroi)* d'une communauté et ceux qui en ont été les « prémices » (6). Ces « prémices » n'étaient autres que les premiers habitants d'un pays ou d'une ville à avoir accueilli l'annonce de la foi. Par là, ils étaient en quelque sorte les « ministres » dont Dieu s'était servi pour fonder l'Eglise

(6) On trouvera une ample information sur ce sujet dans *Ministères et laïcat* (Presses de Taizé, 1964) aux pages 88, 96 et 217-219.

locale. Dire qu'ils étaient les *anciens* équivalait à dire qu'ils avaient cru les premiers. Rien d'humain n'expliquait qu'ils aient été les premiers à croire. On tenait donc que Dieu lui-même les avait choisis pour que naisse à la foi le groupe humain (cité ou pays) dont ils étaient les membres. Leur rôle d'anciens (*presbuteroi*) était donc d'œuvrer à ce que la foi naisse en de nouveaux croyants et grandisse en ceux qui avaient déjà cru.

Le ministère presbytéral est impensable en dehors du service de la foi tel que ce retour sur les origines en dessine les traits. Ce ministère exige de « croire alors qu'il n'y a encore rien », d'aider à « croire quand quelque chose commence d'exister », de continuer à « croire même si rien ne subsiste de ce qui avait été réalisé ». Y croire, en tenant compte de ces trois situations possibles, fait de ce ministère un ministère fondateur. Le ministère presbytéral s'y trouve dans la logique de ce que dit le serviteur préfiguré en Isaïe : « Qui croirait ce que nous entendons dire ? » (Is 53, 1). Ce ministère est fondateur parce qu'il rend possible l'invraisemblable.

Dans un contexte où les communautés chrétiennes subissent de plein fouet le vent de l'athéisme et de l'incroyance, vivre le ministère presbytéral dans sa vérité propre est impossible à qui ne perçoit pas ce ministère comme ministère de la foi. La difficulté à surmonter sera trop grande. On capitulera.

Surmonter la difficulté demande donc en premier lieu qu'on ne perde pas de vue le service de la foi puisque c'est pour ce service qu'on a été ordonné.

Or nous constatons que le premier mouvement du prêtre, face au processus de désaffection des fidèles vis-à-vis de son ministère, est le plus souvent de chercher à enrayer ce processus en ramenant au bercail du culte les brebis parties vadrouiller dans les divers azimuts où l'existence humaine se nourrit. La preuve a été largement faite, au cours de ce dernier demi-siècle, que cette démarche aboutit à laisser les prêtres meurtris par l'impression d'être « à côté de la vie, de ne servir à rien, de n'être plus valables » (7).

---

(7) Rapport de Mgr Guyot à l'Assemblée plénière des évêques de France (Rome, le 8 novembre 1964).

Ce doute de la part du prêtre au sujet de son propre ministère ne viendrait-il pas de ce que, au lieu de s'investir dans le ministère de la foi, le prêtre s'est investi en des orientations secondaires ou même sans intérêt par rapport à la foi ?

Le ministère presbytéral est un ministère fondateur. Il demande donc du prêtre que celui-ci soit « prémices » de la foi dans tous les azimuts où se nourrit l'existence des hommes. Le bon berger des Evangiles ne rassemble pas les brebis dans la bergerie pour leur y apporter le fourrage que lui-même aura sélectionné. Il conduit les brebis hors du bercail et se contente de veiller à les changer de pâturage lorsqu'elles y auront épuisé la nourriture qu'elles-mêmes sélectionnent. La fonction royale qui se déploie dans le ministère presbytéral consiste donc à permettre aux baptisés de vivre de la foi sur les terrains où se joue leur existence d'hommes. Au prêtre de lutter pour que les baptisés ne soient jamais dépouillés de ce droit. C'est pour avoir mené ce combat de la foi que tant de ministres ordonnés ont reçu jadis de leurs Eglises le titre de « père de la patrie », « père de la cité », « père des pauvres », etc. De la part de ces ministres ordonnés, l'exercice de la fonction royale avait pris naturellement la forme extrême que nous retrouvons aujourd'hui sous le mot de «militance ».

Le mot militance vint d'une expression latine qui signifie « aller ensemble » *(simul-itur).* Vivre le ministère presbytéral comme service de la foi demande des prêtres qu'ils aillent ensemble (d'un même pas) avec le Christ dans le combat (l'agonie !) : le Christ croit aux hommes dans le moment même où, rejeté par eux, il semble clair qu'il n'a plus rien à attendre d'eux.

De la part du prêtre, la militance ne consistera pas nécessairement à être engagé dans tel ou tel groupe politique, syndical ou autre. Ce type de militance peut se justifier à partir de situations concrètes dûment analysées. Mais il est une manière de vivre la militance qui concerne tous les prêtres en tant qu'ils sont les ministres de la foi des baptisés.

D'abord, n'importe quel prêtre se doit de soutenir la foi des baptisés dont il a la charge dans les activités que ces baptisés ont à vivre, avec les combats dont ces activités sont assorties.

Un prêtre n'accomplit pas son ministère au service de la foi s'il se contente de « bien dire la messe » et de « bien parler de Dieu » aux fidèles sans s'inquiéter des combats que ces fidèles mènent dans les divers azimuts où se déploie leur existence d'hommes. Il est vrai que dans ces combats les fidèles d'une même communauté chrétienne sont parfois de bords différents. Soutenir leur foi, de la part du prêtre, ne consistera pas à se substituer à eux ou à leurs organisations dans les analyses de situation. Ce sera chercher à comprendre les objectifs poursuivis et interpeller sur les moyens mis en œuvre en ramenant toujours objectifs et moyens à l'instance critique qu'est l'homme trinitaire.

Ce ministère de la foi, il arrive que le prêtre ait à l'exercer comme « fondateur d'Eglise » en des lieux où l'annonce de la foi n'a pas encore été entendue. Ces lieux ne sont plus forcément des lieux géographiques. Ce sont aussi des « secteurs de la vie des hommes » : entreprises, syndicats, partis, associations diverses... Il n'est pas rare que dans ces secteurs humains on ne doive rien à l'Eglise. Mais on y lutte pour le droit de tout homme à exister en homme. Exercer le ministère presbytéral en ces « lieux » pourra consister à reconnaître la sollicitude de Dieu pour les hommes se manifestant en des mouvements historiques nés « hors de l'Eglise » et se vouloir « prémice » (ancien) du peuple nombreux que Dieu se forme à l'intérieur de ces mouvements (*cf.* Ac 18, 10). Ainsi vécu, le ministère presbytéral est au service de la foi de l'Eglise en se faisant, dans l'Eglise, le témoin de la liberté des appels de Dieu (8).

Ces considérations sur le ministère presbytéral comme ministère de la foi nous font retrouver la condition formulée par Ch. Wackenheim en ce qui regarde l'avenir des ministères ordonnés. Cet avenir dépend bien d'un approfondissement de la foi chez les baptisés. Mais cet approfondissement de la foi ne saurait se limiter à l'approfondissement d'énoncés déjà sus. Il faut que les baptisés prennent en compte, avec leur foi en

(8) Comme les prophètes ont reconnu un « berger de Dieu » en la personne de Cyrus, le conquérant perse qui mit fin aux années de la déportation à Babylone (Is 44, 28 ; 45, 1-6).

Jésus-Christ, ce qui se joue dans les combats des hommes par rapport à l'avènement de l'homme voulu par Dieu. Une véritable conversion est à vivre en ce domaine. Il leur faut redevenir capables « d'entendre la messe » partout où elle se dit : non seulement dans les sanctuaires mais sur tous les « chantiers » où se construit douloureusement le devenir de l'humanité. Si le ministère presbytéral est vécu comme un ministère d'anciens qui savent être « prémices » de la foi en tous les nouveaux lieux de naissance des hommes, ce ministère sera vécu selon sa vérité propre. Et l'avenir de ce ministère fera moins problème à ceux qui ont la responsabilité de le perpétuer.

UN MINISTÈRE DU DÉSIR

Vivre le ministère presbytéral selon sa vérité propre demande encore que ce ministère soit vécu au service du désir des hommes.

Parler de désir comporte toujours le risque d'être compris de travers. Disons pour faire bref que nous entendons ici par désir ce qui, au fond de l'homme et de chaque homme, fait tendre l'homme vers ce que c'est que d'exister en homme.

Il y a peu de temps, l'un des mobiles les plus habituels chez ceux qui voulaient « se faire prêtres » était le sentiment très vif de répondre à une attente importante des hommes. Mille besoins à satisfaire donnaient aux prêtres le sentiment d'une vie utile : enseigner, animer, soutenir, consoler, remettre en confiance... Aujourd'hui, ce sentiment est remplacé par un sentiment d'inutilité : « Je me demande à quoi je sers... » disent beaucoup de prêtres.

Il est piquant de penser que le Christ a donné réponse à cette question dans une formule que les traducteurs s'appliquent à vider de signification tellement elle est outrée : « Dites : nous sommes des serviteurs qui ne servent à rien » *(akhreioi)* (Lc 17, 10). Pourtant, cette formule utilisée par le Christ est parfaitement consonante avec l'expérience du serviteur que fait parler Isaïe : « C'est pour rien que j'ai usé mes forces » (Is 49, 4).

L'épreuve du sentiment d'inutilité est très dure à vivre. Et cette épreuve accablera le prêtre aussi longtemps que le prêtre se croira prêtre pour répondre à des besoins de l'homme et des hommes. Mais cette épreuve devient une extraordinaire source de plénitude intérieure pour le prêtre si elle le conduit à comprendre que son ministère a été voulu par Dieu pour aider les hommes à s'ouvrir au plus profond et au plus vrai du désir qui fait d'eux des hommes.

Le désir qui fait que l'homme est homme, c'est le désir d'exister en homme. Par ce désir, l'homme tend à être reconnu comme homme avec son pouvoir d'homme par d'autres hommes que lui-même reconnaît avec leur propre pouvoir : à la limite, ce désir n'est autre que le mouvement qui porte l'homme à être reconnu avec son pouvoir d'homme par l'être doté de la plénitude du pouvoir que désigne le mot Dieu ! Voilà pourquoi la révélation chrétienne emploie le mot Royaume pour désigner ce vers quoi le désir porte l'homme et les hommes. Ce mot est emprunté à l'expérience du peuple d'Israël. En l'employant, nous faisons référence au désir qui a soutenu l'attente d'Israël en ses combats pour exister comme peuple et pour être reconnu par les autres peuples avec son pouvoir de peuple de Dieu. A la lumière de Jésus-Christ, cette attente d'Israël prend tout son sens. Elle est le désir de l'état de choses où les rapports entre humains et entre groupes humains seront à l'image et ressemblance des rapports qui se vivent dans l'unique Dieu. Dans le mystère de Dieu les personnes divines se reconnaissent mutuellement et reconnaissent en l'autre la plénitude du pouvoir : le Père, le Fils et l'Esprit « dominent » dans un unique Dieu qui « domine » également. Croire au Royaume dont parlent les Ecritures, c'est croire que l'homme est appelé à atteindre le même horizon. Par-delà les deux extrêmes également négateurs du désir que sont la servitude et l'anarchie, la révélation trinitaire fait entrevoir aux hommes ce vers quoi leur désir le plus profond les porte : être reconnus, tous et chacun avec son pouvoir par d'autres êtres reconnus eux aussi avec leur propre pouvoir.

Par rapport à ce désir, les ministères ordonnés ont à jouer un rôle essentiel.

Ils sont au service du déploiement de ce désir à la fois en permettant à l'homme d'en anticiper la réalisation par la vie sacramentelle et en disant à l'homme qu'il ne peut pas en effectuer la réalisation par ses seuls moyens humains. Par les ministères ordonnés advient ce Royaume auquel l'homme doit œuvrer sans pourtant que ce Royaume puisse jamais être son œuvre.

Ministères du désir, les ministères ordonnés provoquent l'homme à tendre vers l'horizon pour lequel l'homme est fait ; mais parce qu'ils sont des ministères où se déploie un pouvoir qui n'est pas de l'homme, les ministères ordonnés disent à l'homme qu'il ne pourra jamais se donner à lui-même ce vers quoi son désir le plus profond le porte.

Remplir un tel ministère auprès des hommes demande qu'on renonce à être considéré comme utile par eux. Ce qui est mis en œuvre dans le ministère presbytéral comme ministère du désir n'est pas comptabilisable sur les registres de l'utile. Ne se comptabilise que ce qui relève des besoins à satisfaire. Aider le monde des hommes et chaque homme à entrer dans un dessein où le désir de l'homme et de chaque homme rencontre le désir de Dieu ne relève pas de l'utile mais du gratuit : l'essentiel !

Parler du ministère presbytéral comme ministère du désir devrait convaincre les prêtres de ce temps de ne pas regretter l'époque où ce trait essentiel de leur raison d'être était quasiment occulté par des pseudo-raisons d'être tirées de leur utilité pour la bonne marche de la société. Peut-être alors loucheront-ils moins vers les tâches que d'autres accomplissent. Dans son inutilité, leur ministère vaudra aux tâches accomplies par les autres de contribuer à l'avènement du Royaume sans pour autant que ces tâches prétendent jamais suffire à l'instaurer.

C'est probablement au fait que le ministère presbytéral est ministère du désir qu'il faudrait rattacher la question de l'ordination éventuelle des femmes si on veut bien poser cette question.

Le problème de l'ordination des femmes au ministère presbytéral est devenu un cheval de bataille pour ceux qui font du ministère et des ministères le terrain de manœuvres ou régler l'ensemble du problème ecclésiologique. On peut le regretter. L'importance donnée à cette question ne sert-elle pas d'alibi permettant d'escamoter des problèmes de conversion bien plus fondamentaux ? Par ailleurs, affirmer que la condition de la femme dans le monde sera changée parce qu'on pratiquera l'ordination de femmes dans l'Eglise est faire preuve d'un optimisme que l'histoire permet de trouver exagéré. On peut aussi, d'un point de vue œcuménique, se demander s'il est bon de tant investir dans ce problème avant qu'existent des instances permettant d'en discuter à un niveau où s'exprimeraient toutes les Eglises. Enonçons du moins ici quelques réflexions sur ce sujet.

Un bon nombre de théologiens voient aujourd'hui dans le problème de l'ordination des femmes un problème dont les données sont purement culturelles. Selon ce point de vue, l'Eglise n'aurait pas ordonné de femmes parce que les communautés ecclésiales participaient d'une mentalité où la femme, perçue comme impure, était inapte à faire le lien entre les humains et la divinité.

A ce raisonnement, on doit opposer le fait que le spécifique du ministère presbytéral n'est pas de faire le lien entre les hommes et Dieu puisque ce ministère est de type royal et non sacerdotal. Quant aux données culturelles mises en avant, on peut en discuter la valeur. La plupart des groupes humains dans lesquels s'est répandu le christianisme primitif connaissaient des divinités dont le culte était assuré par des femmes : vestales, prêtresses et pythonisses en tout genre sans oublier les prostituées sacrées...

La question de l'ordination des femmes est posée avec plus de sérieux si, au lieu de l'aborder d'un point de vue cultuel et sacerdotal, on se situe dans l'axe d'une fonction de type royal. Dans le contexte actuel où la femme exerce de multiples responsabilités, on voit mal pourquoi on l'exclurait de cette fonction. On voit par contre très bien les données culturelles qui expliquent cette exclusion dans le passé. Des sociétés où la femme était traitée en mineure perpétuelle étaient mal placées pour envisager de conférer à des femmes une ordination qui investit pour l'exercice du pouvoir.

Ces différents points ayant été éclairés, peut-on envisager

que l'Eglise modifie un jour sa pratique actuelle en ce domaine ?

On ne peut pas sous-estimer le fait que la pratique actuelle a été générale dans toutes les Eglises sans aucune exception jusqu'au milieu du XIXe siècle. Devant ce fait, on doit se demander ce qui a pu fonder une telle unanimité. A la base de cette unanimité n'y a-t-il pas une certaine conscience que l'Eglise a d'elle-même, c'est-à-dire de son propre mystère ?

L'Eglise se sait Corps du Christ, né de la *puissance* du Père se déployant par son Esprit. Il en est de l'Eglise comme du Christ lui-même en sa naissance au sein de la Vierge.

Dans l'existence de l'Eglise et dans la structure qui la constitue, le ministère presbytéral atteste que toute naissance et toute croissance viennent de l'unique Père, source de tout être. Les fils qui naissent et grandissent à la vie de l'Eglise ne sont pas les fils des ministres ordonnés, même s'ils donnent à ceux-ci le nom de « pères ». Les fils de l'Eglise sont nés de la « semence » qu'est la Parole du Père venue prendre chair en eux en réponse au désir que suscite en eux l'Esprit de Dieu.

Dans la problématique ainsi formulée, le fait que le ministère presbytéral soit exercé uniquement par des hommes n'est pas dénué de signification. C'est une manière d'affirmer que le ministre, pour exercer ce ministère, doit avoir répudié toute possibilité de répondre au désir des hommes qui ne lui viendrait que de lui-même. Le ministre est au service du pouvoir du Père en tant que « puissance d'engendrement ». Ce n'est pas le fait d'être un homme qui l'habilite à être investi de ce ministère. Ce qui l'habilite, c'est le fait qu'étant homme (mâle !) il se dessaisit de ce que son sexe signifie pour consentir à signifier ce que signifie son ministère. Le ministre ordonné exerce le pouvoir pour lequel il est ordonné en se mettant en disposition de non-pouvoir. C'est la condition pour que soit exercé le seul pouvoir dont le désir fait de l'homme un homme : le pouvoir du Père des cieux !

Ainsi exercé selon la tradition de l'Eglise, le ministère presbytéral est une parole importante pour la communauté ecclésiale.

Cette parole dit à la communauté ecclésiale et à l'Eglise entière qu'elle ne pourra être au service de ce que désire l'humanité (l'homme et chaque homme !) que si elle renonce à toute puissance d'engendrer qui serait en elle seulement à partir d'elle : puissance politique, économique, culturelle... Si l'Eglise, bien souvent, a assimilé des peuples plus qu'elle ne les a évangélisés, conquis des nations plus qu'elle ne les a libérées, subjugué des cultures plus qu'elle ne les a baptisées, c'est pour avoir oublié qu'elle n'est que mère et qu'elle ne peut pas prétendre au rôle du père. C'est là ce que rappelle à l'Eglise le ministère ordonné. Ce ministère vient de Dieu. Il met l'Eglise au service de la puissance d'engendrer qui est en Dieu. Il met l'Eglise en garde contre toute tentation de proliférer par la mise en œuvre des puissances de ce monde : publicité, influence, argent.

Il n'est pas sans importance que ce rappel vienne à l'Eglise à travers un ministère exercé exclusivement par des hommes, c'est-à-dire par des humains de qui ce ministère exige qu'ils se veuillent « impuissants » alors qu'ils appartiennent au sexe symboliquement significatif de la puissance.

Que ce propos soit bien entendu ! Il n'est pas question ici du célibat. Cet énoncé doit s'entendre aussi bien du prêtre marié que du prêtre célibataire. Les baptisés engendrés par le ministère presbytéral ne sont pas les « enfants du prêtre » ! Et peut-être certains prêtres célibataires auraient-ils moins tendance à se prendre pour le « Père tout-puissant » s'ils avaient mis au monde des enfants nés de leur « puissance » dans le mariage. Disons une fois de plus ici que ce n'est pas « l'état de vie », mais le type de relations vécues qui importe.

Si les ministères ordonnés attirent aujourd'hui peu de candidats, ce n'est pas parce que leur utilité est moins perçue qu'autrefois ; c'est plutôt parce qu'en insistant trop sur leur utilité, et particulièrement sur leur utilité pour le bon fonctionnement des institutions sociales, on a perdu le sens de leur vérité propre qui est de l'ordre du désir. Le ministère presbytéral, pour être bien exercé, demande que celui qui en est investi ait consenti à sa propre inutilité. Là est sans doute la meilleure chance d'avenir pour ce ministère, vu les temps que nous vivons.

Les hommes de ce temps, en effet, pourvoient de plus en plus par eux-mêmes à tous leurs besoins. Ils pourvoient en particulier aux besoins sociaux pour la satisfaction desquels les prêtres se dépensaient il n'y a pas tellement longtemps : du patronage de jeunes à la prédication d'un certain ordre social. Par-delà la satisfaction de leurs besoins, à supposer qu'ils y parviennent, les hommes auront toujours à résoudre le problème de leur propre avènement comme hommes, c'est-à-dire le problème de leur désir. Des prêtres ayant consenti à être inutiles seront plus que jamais nécessaires à un monde d'hommes en désir d'advenir. Si l'Eglise sait mettre l'accent sur cette vérité du ministère presbytéral, elle ne manquera pas d'hommes disponibles pour y être ordonnés.

***

Il ne serait pas bon, pour les ministères ordonnés, que le souci de leur avenir soit porté indépendamment de leur vérité propre.

Par leur vérité propre, les ministères ordonnés sont au point d'intersection des trajectoires du gratuit et de l'obligatoire, de l'inutile et du nécessaire, du superflu et de l'indispensable. Ils échappent aux catégories de la logique pure !

Parce qu'ils échappent aux catégories de la logique pure, les ministères ont un avenir qui a partie liée avec les catégories selon lesquelles l'homme se pense lui-même !

C'est sur cet aspect du problème des ministères que portera, sous forme d'épilogue, une dernière réflexion.

EPILOGUE

LE PROBLEME DES MINISTERES ET SON RAPPORT A LA SITUATION PRESENTE DE L'HUMANITE

Les énoncés développés dans ce livre ont à leur origine la conviction que le problème des ministères est le problème où se joue le destin de l'homme.

Cette conviction pourra être tenue pour étrange.

Le problème des ministères, même s'il passionne un certain nombre de gens à l'intérieur de l'Eglise ne laisse-t-il pas indifférente la masse des chrétiens ? A plus forte raison l'immense foule des autres humains !...

Pourtant, le problème des ministères est au cœur des questions que se pose l'homme de ce temps : un homme que la complexité des problèmes auxquels il est affronté fait balancer entre l'idée d'assumer son devenir et l'idée de s'abandonner à un destin... Le rapport Homme-Pouvoir et le rapport Eglise-Ministère sont solidaires. La manière dont est conçu et vécu l'exercice du ministère dans l'Eglise n'est pas sans incidence sur la manière dont se perçoit et se vit l'exercice du pouvoir dans le monde des hommes.

L'homme mettra-t-il son pouvoir à assumer son devenir de manière à se faire advenir ?

En raison de l'importance de cette question, les chrétiens ne sauraient traiter à la légère le problème des ministères dans l'Eglise. Ils priveraient le monde des hommes de ce que l'Evangile de Jésus-Christ lui apporte de plus original.

Le ministère et l'exigence d'une relation vraie entre l'homme et Dieu

L'originalité du christianisme parmi les autres religions ou philosophies religieuses ne consiste ni dans le radicalisme des vues sociales ni dans la supériorité de l'enseignement moral. L'originalité du christianisme tient tout entière dans la révélation du mystère de Dieu comme mystère de VIE dans les rapports entre le Père, le Fils et l'Esprit.

Cette révélation n'est pas un énoncé tombé d'en haut. Elle est Dieu perçu par les hommes dans l'événement de la croix. La Trinité est la réponse sur Dieu que se sont donnée les premiers croyants à partir de leur expérience de l'homme Jésus de Nazareth mort sur une croix et ressuscité par le Père dans l'Esprit. Cette réponse s'énonçait en quelque sorte elle-même dans le fait qu'en sa personne, le Ressuscité avait accompli les Ecritures annonçant un « serviteur » salué par Dieu du titre de Fils.

D'une part, en effet, l'événement de la croix révèle le mystère de Dieu : Jésus de Nazareth y met en œuvre un pouvoir qu'il détient comme Fils : « J'ai pouvoir de me dessaisir de ma vie et j'ai pouvoir de la reprendre » (Jn 10, 18).

D'autre part, l'événement de la croix fonde la réalité du ministère : Jésus de Nazareth y témoigne d'un vouloir d'homme qui se déploie dans la plénitude de sa liberté d'homme : « Ma vie on ne me la prend pas ; je m'en dessaisis de moi-même » (Ib.).

Le problème auquel répond l'événement de la Croix est celui de la possibilité d'un rapport vrai entre Dieu et l'homme, l'homme et Dieu. Pour qu'il y ait rapport vrai, il faut que le vouloir de l'homme et le vouloir de Dieu coexistent et se conjuguent sans que le vouloir de Dieu rende illusoire le vouloir en l'homme et sans que le vouloir de l'homme soit négateur du vouloir en Dieu. L'événement de la Croix atteste que ce rapport vrai est possible en révélant un Dieu qui n'est pas le Dieu de la logique pure.

En logique pure, en effet, Dieu est l'ÊTRE absolu : pure causalité et agir pur, il est le « moteur immobile » d'Aristote, l'UN indivisible sans commencement ni fin.

Dans l'événement de la croix, Dieu est relations entre le Père, le Fils et l'Esprit : son ÊTRE se révèle comme une Alliance, rencontre de DÉSIRS dans une HISTOIRE.

A la lumière de la logique pure, l'homme est devant Dieu comme devant un fait massif, écrasant, sur lequel on n'a aucune prise. Dieu est tout et fait tout ; autant dire que l'homme n'est rien et ne fait rien !

A la lumière de l'événement de la croix, l'homme est devant Dieu comme devant un appel. L'Alliance entre le Père, le Fils et l'Esprit est ouverte aux hommes puisque l'homme est entré dans cette Alliance en l'homme Jésus-Christ ; le problème est seulement pour l'homme de vivre une histoire qui soit la sienne dans la mise en œuvre d'un désir qui soit le sien !

L'événement de la croix met fin à l'impérialisme exercé par l'ÊTRE de la métaphysique ; il rend leurs droits à l'histoire et au désir ; à la logique pure il substitue la logique de la vie.

Pensée dans le carcan de la logique pure, la relation de l'homme à Dieu obligeait l'homme à se nier lui-même. Par l'événement de la Croix est effectué un véritable retournement. La preuve est donnée que l'homme peut exister en homme. L'expérience vécue par Jésus de Nazareth vainqueur de la mort l'accrédite comme ayant déployé un vrai vouloir d'homme dans l'acte même où cet homme a le plus voulu ce que voulait Dieu. En Jésus-Christ est attestée la possibilité d'une relation vraie entre l'homme et Dieu puisque la « synergie » du vouloir de Dieu et du vouloir de l'homme, loin de néantiser l'homme a conduit l'homme à sa propre exaltation comme homme ! C'est le sens du mot résurrection.

Le mot ministère désigne en la résumant sous ses aspects essentiels cette relation vraie entre l'homme et Dieu. Dans l'événement de la croix, cette relation vraie a fonctionné. La théologie du ministère énonce les critères de cette relation vraie dans la mesure où, se référant à l'événement de la croix, elle adhère à la révélation que Dieu y fait de lui-même comme Alliance entre le Père, le Fils et l'Esprit, c'est-à-dire comme Dieu Trinité.

Depuis le moyen âge, la Trinité est devenue pour la plupart des chrétiens un objet de spéculation sans intérêt pratique. La première page des manuels de dogme et des catéchismes s'orne de cet énoncé alambiqué. Beaucoup y voient une sorte de rébus insoluble proposé en début de texte pour les convaincre de ne pas chercher à comprendre la suite. On tourne la page. De toute manière, on n'est pas concerné !

Pourtant c'est uniquement par la confession de foi trinitaire qu'on peut rendre compte de l'intervention de Jésus de Nazareth comme mise en œuvre du désir humain dans une histoire humaine où se vit le rapport de l'homme à Dieu. Hors de la révélation trinitaire, le Dieu unique est TOUT et fait TOUT ; face à ce Dieu unique, l'homme n'est rien et ne fait rien. Tout le pouvoir et le vouloir réels sont en Dieu ; aucun pouvoir ni aucun vouloir réels n'existent en l'homme. Parler de ministère et de ministères revient alors à parler de chimères.

La confession de foi trinitaire intéresse l'homme parce qu'elle seule permet à l'homme d'exister devant Dieu avec un pouvoir d'homme. C'est l'homme qui était en jeu dans les grands débats trinitaires et christologiques des premiers siècles. La foi au ressuscité était interpellée par les exigences de la rationalité. Comment l'ÊTRE absolu peut-il, en Jésus-Christ, laisser place à l'être humain né de la juive appelée Marie ? Comment l'AGIR absolu peut-il pâtir et mourir sur une croix ?

En dehors de la confession de foi trinitaire, la seule réponse possible à ces questions était de se dire que l'être humain, en Jésus-Christ, n'était qu'une apparence d'homme (monophysisme et docétisme)... ou du moins que cet être humain n'était pas à lui-même la source de son propre vouloir de décision (monothélisme)...

La pensée chrétienne a investi des siècles de travail pour préciser une confession de foi permettant de garder sauve l'affirmation d'un vrai pouvoir et d'un vrai vouloir en l'homme. De cet immense effort d'intelligence, il reste une leçon essentielle. C'est qu'on ne peut parler du ministère de Jésus-Christ dans un langage coupé de la révélation trinitaire sans aboutir à le nier. Mais de cette négation du ministère, c'est l'homme, en définitive qui fait les frais.

Un survol de douze siècles d'histoire permettra de mieux le comprendre. C'est le passé de l'Eglise, en Orient d'abord, en Occident ensuite, qui témoigne.

LE MINISTÈRE NIÉ AU DÉTRIMENT DE L'HOMME AU NOM DE L'ABSOLU DE DIEU EN ORIENT

En Orient, le langage de la pure rationalité a mis en cause le ministère à travers les grands débats christologiques qui s'étendent du IVe au VIIe siècles.

La crise du monophysisme se prolonge, après le Concile de Chalcédoine, dans celle du monothélisme.

En chacune de ces crises, c'est l'homme qui est en question.

Si Dieu, au témoignage de la raison, est l'ÊTRE suprême et l'AGIR absolu, comment admettre qu'en Jésus-Christ ait pu subsister une volonté d'homme au sens plénier du terme ? L'hérésie monothélite était logique en niant en Jésus-Christ tout déploiement d'énergies proprement humaines. Mais cette négation ouvrait la voie au fatalisme et au quiétisme comme condition des autres humains. Se soumettre au fait divin était le seul comportement en cohérence avec une telle idée de Dieu. Un tel comportement ne pouvait être qu'encouragé par le pouvoir impérial. Le monothélisme faisait de Jésus-Christ un modèle conforme à l'idéologie d'un empire où le Basileus, reflet du divin en ce monde, devait être obéi comme unique expression de la volonté de Dieu.

Soutenu pendant plus de cinquante ans par les empereurs de Byzance, le monothélisme fut vaincu en 681, au Concile de Constantinople. Mais la victoire de l'orthodoxie en matière de doctrine était remportée au moment où les conséquences pratiques de l'hérésie avaient déjà marqué pour longtemps le destin humain.

Ces conséquences pratiques furent l'apparition et la diffusion de l'Islam dans tout le Moyen-Orient chrétien.

Il n'est pas aberrant de dire que l'Islam est un événement interne au christianisme. Le Coran ne fait que reprendre les grandes affirmations du monothélisme en les mettant sur les lèvres de Dieu lui-même. Jésus-Christ n'est qu'un homme : l'homme qui a le mieux accompli la volonté de Dieu. Dire que cet homme est ressuscité n'a aucun sens. Car Jésus-Christ n'est pas mort. Dieu l'a pris avec lui dans son ciel en le remplaçant sur la croix par une apparence d'homme. Le Coran peut se résumer dans le remplacement du mot « ministère » par le mot « soumission » (Islam).

On s'est souvent étonné de la diffusion si rapide de l'Islam dans l'Orient chrétien. C'est oublier que dans les trois grands patriarcats d'Alexandrie, d'Antioche et de Jérusalem, les masses populaires vivaient leur christianisme selon une vision monothélite des rapports entre Dieu et l'homme. Cette société où la soumission au divin était vécue comme minimisant et même niant la liberté humaine accueillit sans en être troublée le dogme de la soumission au Dieu unique présenté comme une restauration de la vérité de Dieu. L'Islam restituait au Dieu UN de la métaphysique les attributs mis en cause par la révélation trinitaire. Les grands aristotéliciens arabes devaient parachever cette opération sur le plan théorique.

Ce qui s'est passé dans l'Eglise d'Orient prend tout son sens lorsqu'on mesure la situation faite désormais à l'homme dans son rapport à Dieu.

Dieu a récupéré la totalité de l'ÊTRE. En bonne logique, plus Dieu EST, plus l'homme n'est pas ! Les thèses de Feuerbach se formulent en Orient dès le VIIIe siècle. Mais elles sont à entendre dans le sens opposé au sens qu'elles prendront en Occident. Transformant en mosquées les Eglises du Moyen-Orient, les musulmans y inscrivent à l'intention des chrétiens la formule qui nie le mystère trinitaire : « Ni engendré, ni engendrant ». Le Dieu que prône l'Islam n'a ni histoire, ni désir : il est l'ÊTRE. L'absence de toute histoire et de tout désir en un Dieu qui d'avance est TOUT, rend impossible quelque histoire et quelque désir que ce soit en l'homme réduit à n'être rien. Le culte de l'Absolu de Dieu, issu de la négation du mystère trinitaire par la déformation de l'événement de la croix, débouche sur la néantisation de l'homme en rendant illusoire tout ministère.

Si l'intérêt de l'homme est de reconnaître un Dieu unique ÊTRE absolu, l'Islam peut se présenter comme restauration du monothéisme strict dont l'Evangile avait fait dévier les croyants. Mais par rapport à l'annonce d'un Dieu qui appelle l'homme à entrer dans son Alliance et qui veut vivre avec l'homme une vraie relation où l'homme ne cesse pas d'être homme, l'Islam est une régression. Le croyant est ramené en deçà des avancées qu'Israël avait effectuées grâce aux interventions des prophètes dans son histoire. L'homme est invité à s'abandonner à la transcendance. Faute de lui reconnaître une humble initiative à déployer dans la prise en charge de son propre devenir, l'Islam confine l'homme dans l'exécution pure et simple des volontés de Dieu. Cette exécution prend la forme d'une passivité qui se laisse vivre quand rien ne perturbe les événements. Elle devient excitation capable de se lancer dans la guerre sainte lorsque l'ordre habituel des choses est dérangé. En un cas comme dans l'autre, l'homme n'a rien à vouloir. Dieu a décidé. Mais l'homme est-il encore l'homme ?

Ces conséquences, l'Eglise d'Orient les connaît parce qu'elle en porte les stigmates. Passée au crible de cette épreuve terrible qu'a été pour elle l'apparition et la diffusion de l'Islam en ses propres communautés, elle sait l'importance du ministère pour le devenir de l'homme que Jésus-Christ est venu sauver. Quand on lui reproche son hiératisme ministériel, il faudrait s'assurer qu'on ne passe pas à côté du vrai problème. C'est l'homme que l'Eglise d'Orient protège en ne laissant pas traiter le problème du ministère indépendamment de la confession de foi trinitaire.

Le ministère nié au détriment de l'homme au nom de l'Absolu de l'homme en Occident

Pendant que les crises monophysite et monothélite ravageaient les Eglises d'Orient et y faisaient le lit de l'Islam, l'Eglise d'Occident « passait aux barbares » ! C'est seulement au XIe siècle, par le truchement des Arabes d'Espagne et des contacts noués à l'occasion des croisades, que la pensée chrétienne occidentale reçoit l'interpellation de la rationalité métaphysique. A Paris, saint Bonaventure et saint Thomas s'affronteront sur l'attitude à prendre.

On a dit de saint Thomas qu'il a baptisé Aristote. Qu'il soit permis de douter que ce baptême ait été conféré selon la formule trinitaire, au nom du Père, et du Fils et du Saint-Esprit ! Le « moteur immobile » d'Aristote n'a pas bougé d'un cran au contact de la révélation du Dieu Vivant. Le « *De Deo Uno* » s'est imposé comme préalable à tout discours sur le Dieu Trinité.

Cette situation va faire revivre à l'Occident le processus qui avait travaillé les Eglises orientales pendant les trois siècles qui précédèrent le 3e Concile de Constantinople. Bien entendu, il ne sera question ni de monophysisme ni de monothélisme. Les débats christologiques sont clos ! Mais il sera question de prédestination. C'est la prédestination qui se profile derrière les problèmes posés avec le luthéranisme, le jansénisme, le prédestinatianisme, le quiétisme. Tous ces mots évoquent une même réalité : le doute qui s'introduit en l'homme au sujet de sa participation à son propre devenir.

Or les enracinements derniers de ce doute sont faciles à saisir. Il suffit de percevoir, derrière les énoncés, les progrès faits par une idée de Dieu où l'impérialisme de l'ÊTRE absolu est de moins en moins tempéré par la confession de foi trinitaire. Le doute grandit au fur et à mesure que grandissent les prestiges d'une divinité que l'on se met à appeler « ÊTRE SUPRÊME » : Dieu des philosophes dénoncé par Pascal, Dieu des déistes célébré par Voltaire.

Mais l'Occident n'est pas l'Orient. On y connaît un pragmatisme qui exalte volontiers le pouvoir et la volonté de l'homme ; un peu à la manière dont le robuste Pélage avait réagi aux tendances quiétistes des moines méridionaux. Marqué par les premiers succès du développement technique, l'Occident réfléchit sur le rapport de l'homme à Dieu dans le cadre des préoccupations qui lui sont propres. Ces préoccupations sont celles d'un monde humain qui arrive à faire marcher les choses correctement, à son échelle, et qui constate que bien des choses ne marchent pas correctement quand on les regarde à l'échelle universelle. L'horloge cosmique atteste l'existence d'un horloger. Mais l'horloger qui n'empêche pas le tremblement de terre de Lisbonne laisse vraiment à désirer à son propre sujet...

C'est ainsi que l'ÊTRE suprême, exalté de la raison théorique, est cité au tribunal de la raison pratique. Dieu est sommé de s'expliquer ! Le *De Deo Uno* fait place aux théodicées (Justification de Dieu !). L'ÊTRE suprême semble triompher quand lui est rendu le culte révolutionnaire qui exalte la déesse Raison. En réalité, l'instruction du procès se poursuit. La sentence est rendue au XXe siècle sur un verdict de non-existence ! Marx popularise la pensée de ceux des encyclopédistes qui avaient poussé leur démarche jusqu'à l'athéisme, tels d'Holbach. Il achève de donner corps à un système qui fait de l'homme « l'ÊTRE suprême pour l'homme ». Dans ce système l'homme a pour tâche de construire le monde et surtout de se construire lui-même. Le mot maîtrise remplace le mot ministère.

Au terme de ce processus qui a petit à petit travaillé l'Occident, une pensée s'impose qui s'inscrit exactement aux antipodes de la pensée de l'Islam. Le culte de l'Absolu de l'homme se concrétise dans la néantisation de Dieu. Le positivisme scientiste et le marxisme qui en est le succédané sont issus de la désinvolture vis-à-vis de la confession de foi trinitaire. Toute tentative d'établir un rapport vrai entre l'homme et Dieu ne pouvant que réduire l'homme à n'être rien, on décrète que Dieu n'est rien afin de permettre à l'homme d'être quelque chose. Désormais, l'homme peut vouloir et décider. A lui de fixer quels traits il se donnera. Dans le cadre d'une telle pensée, c'est tenir des propos vides de sens que de parler de ministère.

Théoriquement, l'aboutissement du processus qui a ainsi travaillé l'Occident semble positif pour l'homme. Le voilà debout, planté sur ses deux pieds, « dominant » sa planète terre !

Mais nous savons d'expérience à quoi l'homme concret a été réduit au nom de la théorie qui fait de l'homme l'être suprême pour l'homme. S'il appartient à l'homme de décider quels traits il entend se donner, que deviennent les hommes qui choisissent de se donner des traits autres que les traits décrétés par ceux qui se prennent pour l'élite pensante, la race supérieure, le fer de lance de la révolution, le front avancé de l'humanité à venir, etc. ? Ce sont des hommes concrets qui paient l'illusion d'un homme « être suprême pour l'homme ». L'absence de référence à un pouvoir de Dieu avec lequel il faut entrer en *synergie* conduit à transformer le monde en une gigantesque croix. Mais l'homme qui meurt sur cette croix ne se dessaisit pas de sa vie. On la lui prend ! Le ministère, ça n'existe pas.

Ces conséquences, l'Eglise d'Occident en porte le poids sans en avoir encore analysé toutes les composantes. Les efforts actuels pour y repenser le ministère devraient pourtant en être marqués. La problématique des choses à faire, dénoncée au début de ces pages, est en dépendance de l'illusion de maîtrise née de l'oubli de la confession de foi trinitaire. Cette illusion fait prendre un bon fonctionnement pour preuve que « ça vit ». Un bon fonctionnement peut se contenter de maîtrise. Pour qu'il y ait vie, il faut la synergie du ministère.

La question du ministère comme point focal des problèmes où l'homme est en jeu comme vivant

La démarche rétrospective que nous venons d'effectuer ouvre sur deux conclusions qui s'enchaînent dans leur énoncé.

D'abord, cette rétrospective conduit à reconnaître que la question des ministères ne peut pas être correctement traitée sur un terrain autre que celui de la confession de foi trinitaire. Parler de ministère en se plaçant sur le terrain de la logique pure, c'est aboutir à une simple recherche de bon fonctionnement d'où le ministère sera pratiquement exclu. L'expérience montre que le ministère est alors exclu parce qu'on laisse s'imposer petit à petit le dilemme : vouloir de l'homme ou vouloir de Dieu. Or il n'y a de ministère que par la synergie de l'homme et de Dieu conjuguant pour un même avènement de l'homme le pouvoir qui est en chacun d'eux.

Cette première conclusion donne lieu à une autre qui concerne la situation actuelle de l'humanité au sein du monde.

Le dilemme « vouloir de l'homme ou vouloir de Dieu » est en train de prendre corps dans le monde humain actuel sous la forme de deux camps.

D'une part on voit s'affirmer un Islam qui escamote le problème de la responsabilité de l'homme au sein du monde en se contentant d'affirmer l'Absolu de Dieu ; d'autre part on voit s'instaurer un athéisme pratique où l'on croit avoir résolu ce problème en scandant le slogan de l'Absolu de l'homme.

Entre ces deux camps dont chacun bat le rappel des indécis, la masse des baptisés donne une impression de flottement assez inquiétante.

On voit des chrétiens rêver du *retour du religieux* prophétisé par Malraux pour le XXIe siècle. Ces chrétiens voudraient d'un christianisme où l'on sache se mobiliser pour Dieu, comme on se mobilise en Iran et autres lieux. Englués par l'Absolu de Dieu, ces chrétiens risquent de se laisser enfermer dans un camp qu'ils prennent pour « camp de Dieu »... On voit d'autres chrétiens loucher vers l'avènement de la rationalité chère aux encyclopédistes du XVIIIe siècle. Conscients de l'impact du marxisme sur leurs contemporains, ces chrétiens essayent de parler de Jésus-Christ en des termes qui mobilisent pour l'homme, comme on se mobilise pour une révolution. Englués par l'Absolu de l'homme, ces chrétiens risquent de se laisser enfermer dans un camp qu'ils prennent pour « camp de l'homme ».

Peut-être les hommes de demain connaîtront-ils un affrontement inexpiable entre ces deux camps. Et peut-être est-ce un avant-goût de cet affrontement que l'on peut percevoir dans les oppositions parfois irréductibles qui séparent des baptisés à l'échelle d'une paroisse, d'un secteur, d'un diocèse... Les uns invoquent la transcendance ; les autres parlent au nom de la vie. Les uns et les autres sont logiques. Mais la logique à laquelle les uns et les autres obéissent est la logique pure dont la confession de foi trinitaire de leur baptême aurait dû les libérer. Cette logique pure les amène à s'affronter parce qu'elle les empêche de s'ouvrir au sens du ministère comme synergie entre pouvoir de l'homme et pouvoir de Dieu.

Dans l'affrontement qui risque d'éclater à échelle planétaire entre un prétendu camp de l'homme et un prétendu camp de Dieu, il va du salut des hommes que les baptisés ne soient ni d'un camp, ni de l'autre. Ils ont à continuer le ministère de Jésus-Christ. Une Eglise tout entière ministérielle dénonce comme faux le dilemme « vouloir de l'homme ou vouloir de Dieu ». L'existence d'une telle Eglise fait voir aux hommes que l'acte où l'homme Jésus de Nazareth a accompli le vouloir de Dieu est l'acte dans lequel il s'est accompli comme homme dans le déploiement de son vrai vouloir d'homme. En confessant la foi trinitaire née de l'événement de la croix, l'Eglise arrache les hommes à la fascination de la logique pure qui les fait s'entre-tuer. C'est ce ministère de l'Eglise qui rend possible à l'homme d'exister comme homme en disant à l'homme que l'Absolu de Dieu et l'Absolu de l'homme conduisent l'un et l'autre à des pratiques suicidaires. Entre ces deux abîmes également menaçants, la confession de foi trinitaire montre aux hommes le chemin pascal suivi par Jésus de Nazareth : le ministère !

Dans son ministère, Jésus de Nazareth a été exemplaire de la synergie entre pouvoir de Dieu et pouvoir de l'homme. Par le ministère de l'Eglise, cette synergie doit trouver sa continuation effective. Dans cette synergie, le monde des hommes devrait voir la trajectoire à suivre pour se refuser au nouveau dualisme qui le menace aujourd'hui. Aux baptisés d'y pourvoir !

Ainsi placé dans l'actualité du devenir des hommes, le problème du ministère est arraché simultanément aux étroitesses de sanctuaire qui aboutissent à chercher le salut dans la mise en œuvre de procédés magiques et à l'illusion séculière qui rend ce salut impossible en l'attendant des seules forces de l'homme. Le ministère est reconnu pour ce qu'il est : mise en œuvre qui fait advenir l'homme à l'image et ressemblance de Dieu.

*
* *

De l'ensemble des considérations proposées au long de ces pages, dégageons pour finir deux principes dont aucune recherche sur les ministères ne saurait se départir.

● C'est dans la confession de foi trinitaire que prend source toute théologie du ministère. Hors de la confession de foi trinitaire, l'idée même de ministère est impossible. On est voué au dilemme selon lequel « ou bien l'homme fait tout et Dieu ne fait rien » (absolu de l'homme), « ou bien Dieu fait tout et l'homme ne fait rien» (absolu de Dieu).

● Placé dans la confession de foi trinitaire, le ministère trouve son modèle de fonctionnement dans l'événement de la croix. Le problème du ministère est alors le problème de la synergie à instaurer entre les énergies qui se déploient par le vouloir de l'homme et les énergies qui se déploient par le vouloir de Dieu. Dans cette synergie, l'homme se fait. Il apprend à « dominer » comme Dieu « domine ». Il se fait advenir.

Puissent les chrétiens de ce temps être conscients de ce qui est en jeu lorsque dans l'Eglise ils débattent sur le problème du ministère et des ministères.

TABLE DES MATIERES

Achevé d'imprimer en mars 1980
sur les presses de l'imprimerie Laballery et Cie, 58500 Clamecy
Numéro d'imprimeur : 19538
Dépôt légal : 1er trimestre 1980 Numéro d'éditeur : 4029